Christoph Benke
An den Quellen des Lebens

D1725741

Christoph
Benke

An den
Quellen
des Lebens

Exerzitien für
den Alltag

echter

Die Deutsche Bibliothek – CIP-Einheitsaufnahme

Benke, Christoph:
An den Quellen des Lebens : Exerzitien für den Alltag /
Christoph Benke. – Würzburg : Echter, 1998
    ISBN 3-429-01985-0

©1998 Echter Verlag Würzburg
Umschlag: Uwe Jonath (Foto: Anna Poritzka)
Gesamtherstellung: Echter Würzburg
Fränkische Gesellschaftsdruckerei und Verlag GmbH
    ISBN 3-429-01985-0

Inhalt

Hinführung

Viele Menschen verspüren die Sehnsucht nach einer wirklichen Begegnung zwischen dem Wort Gottes und dem eigenen Leben. Bibel (Wort Gottes) erhebt ja den Anspruch, Erfahrungen von Gott zu erzählen, die ähnlich auch in unserem Leben, in unserer Zeit, möglich sind. Die in der Bibel grundgelegten Gotteserfahrungen wollen dazu beitragen, das eigene Leben aus der Sicht des Glaubens zu deuten und zu durchdringen.

Doch wo gibt es Hilfen, ähnliche Erfahrungen in unserem Leben zu entdecken und uns auf sie hin zu öffnen? Woher die Anregungen nehmen, um zu erkennen, wie der Glaube das Alltagsleben prägen kann, ohne dabei aus dem Alltag und seinen Verpflichtungen aussteigen zu müssen?

Die Kirchengeschichte kennt hierbei den Weg, sich von außerbiblischen Lebens- und Glaubenszeugnissen anstiften zu lassen: Sie zeigen, wie biblische Aussagen in die jeweils individuelle, zeitgemäße Lebenssituation umgesetzt wurden. Somit geben sie Impulse, auch heute den Zusammenhang von Glaube und Leben zu entdecken.

Eine Form, diesen Zusammenhang zu realisieren, bieten die vorliegenden »Exerzitien für den Alltag«. Sie sind als »geistlicher Lesekurs« konzipiert und verstehen sich als Vorform, als eine Abwandlung der in der 18. Anweisung des ignatianischen Exerzitienbuches angeführten Form der »Leichten Exerzitien.«[1] Sie wollen und können keinen Ersatz bieten für 8- oder 30tägige ignatianische Exerzitien im Vollsinn, auch nicht für begleitete »Exerzitien im Alltag«, wie sie sich in den letzten Jahren als Möglichkeit geistlicher Intensivierung auf verschiedenen Ebenen bewährt haben. Insofern sie aber eine Hilfe zur Einübung geistlichen Lebens darstellen – und zwar unter stetem Bezug zum eigenen

Leben sowie zur Hl. Schrift, und das alles in einer gewissen methodischen Ordnung mit dem Letztziel, *Gott in allen Dingen finden* und das eigene Leben dem Leben Jesu annähern zu wollen –, stehen sie in guter ignatianischer Nachbarschaft.

Durch Lesen zum Beten?

Die Möglichkeit, sich in Fernkursen weiterzubilden, wird heute zur beruflichen Qualifikation von vielen Menschen wahrgenommen. Viele deutschsprachige Diözesen nutzen diese Schiene kirchlicher Erwachsenenbildung. Das vorliegende Buch stellt die stark überarbeitete Fassung eines Briefkurses dar, der vom Canisiuswerk der Erzdiözese Wien über einige Jahre mit Erfolg durchgeführt wurde.

Ein »geistlicher Lesekurs« ist nichts Neues.[2] Er bewegt sich auf durchaus traditionellen Bahnen. Seit frühester Zeit wird in der Kirche die *Lectio divina (»göttliche Lesung«)* geübt: das Lesen, das Meditieren, das betende Hören der Hl. Schrift. Dieses Tun gründet auf der Überzeugung, daß es sich bei der *Lectio divina* um ein Wort Gottes handelt, das den Leser (die Leserin) persönlich meint und angeht: »Entdecke das Herz Gottes im Wort Gottes«, rät Gregor der Große. Es ist ein Zugang zur Hl. Schrift, der in allem Christus heraushört: »Zu ihm sprichst du, wenn du betest, ihn hörst du, wenn du die Heilige Schrift liest« (Ambrosius). Daher heißt »die Schrift nicht kennen, Christus nicht kennen« (Hieronymus).

Im Spätmittelalter erfährt diese Tradition eine Veränderung: Aus der *Lectio divina* wird nach und nach eine *»geistliche Lesung« (Lectio spiritualis)* im weiteren Sinn, zu der ein immer größerer Kreis von Schriften außerhalb und neben der Bibel herangezogen wird: Texte von anerkannten Autoren zu verschiedenen Themen geistlichen Lebens. Seither ist die geistliche Lesung im Sinne der *Lectio spiritualis* als ein Grundvollzug geistlichen Lebens nicht mehr wegzudenken. In den vorliegenden Exerzitien finden sich, soweit möglich, am Ende jeder Tageseinheit Hinweise auf Bibelstellen. Dahinter steht das Anliegen, diesen durch die angeführten historischen Entwicklungen der *Lectio spiritualis* in den Hintergrund getretenen Bezug zur Hl. Schrift wieder in den Vordergrund zu rücken.

Am Beginn jedes christlichen Glaubens steht Zeugenschaft: *»Die einzige Spur, die Jesus hinterlassen hat, ist der Glaube seiner Jünger«* (W. Kasper). Jeder Glaube ist immer ein von anderen bezeugter und durch andere vermittelter Glaube. Eine Form, die die Spur zu Jesus finden läßt und den Glauben wecken und nähren kann, liegt in der Begegnung mit lebendigen Zeugnissen von Menschen, die sich »von Gott berührt« erfuhren. Die Tatsache, daß solche Zeugnisse allermeist in geschriebener Form auf uns zukommen, nimmt ihnen nichts von ihrer Lebendigkeit. Mit anderen Worten: Der Glaube kommt vom Hören (vgl. Röm 10,14.17), und *eine* Form des Hörens ist das Lesen.

Um solche Zeugnisse lebendigen Glaubens, die ihrerseits wieder Geschmack auf Gott machen und die Sehnsucht nach einer persönlichen Begegnung mit Jesus Christus im Glauben neu wecken wollen, geht es in den vorliegenden »Exerzitien für den Alltag«. Inhaltlicher Schwerpunkt ist die Begegnung mit Männern und Frauen, die eines gemeinsam haben: die Suche nach Gott und die Verwirklichung authentischer Jesus-Nachfolge. Dies war die einzig wichtige Sache ihres Lebens. Es sind Menschen, die die Freundschaft mit Jesus Christus intensiv und exemplarisch gelebt haben: die *»Heiligen«*. Dadurch sind sie für uns gleichsam zu »Quellen des Lebens« geworden.

Die Heiligen – ein »fünftes Evangelium«

Doch welche Assoziationen löst der Begriff »*die Heiligen*« – immer noch – aus? Verstaubte, kitschige Gipsstatuen ... lebensfremde, weltverachtende, gestrige Gestalten ... alles, nur keine Vorbilder für geglücktes Leben ... menschlich nicht überzeugend ... Fremdheit. Diese Vorwürfe – und Vorurteile – treffen nicht die Heiligen, sondern eine bestimmte Art der Darstellung ihres Lebens und ihrer Verehrung. Davon ist heute manches überwunden.

»Heilige sind Menschen, die in ihrer Zeit das tun, was Jesus tat.« Die Heiligen bilden jene Kette der Freundschaft mit Jesus Christus, die mit den Aposteln beginnt und bis in die Gegenwart heraufreicht. Sie bieten Modelle christlichen Lebens.[3] An ihnen ist ablesbar, wie der Weg der Jesus-Nachfolge aussehen kann. Dabei ist wichtig zu sehen: Der (Die) Heilige verwirklicht »nur« *eine* Grundaussage der Hl. Schrift und des Lebens Jesu im eigenen Leben. Diese Wahrheit des Evangeliums wird so überzeugend gelebt, daß er (sie) gleichsam zu einem Kommentar des Evangeliums wird. Roger Schutz hat das so formuliert: »*Verwirkliche vom Evangelium, was du von ihm begriffen hast – und sei es noch so wenig; das aber verwirkliche ganz – hier und heute!*« Die Heiligen vertiefen sich in das Leben Jesu und legen sein Leben durch ihr eigenes Leben aus: Sie schreiben – mit ihrem Fleisch und Blut – ein »fünftes Evangelium«.

Patentrezepte und Pauschallösungen für unsere Lebensfragen heute bieten sie nicht. Doch sie verweisen im Lebensalltag christlicher Nachfolge auf die Mitte christlichen Glaubens: die Freundschaft mit Jesus Christus.

In der Welt der Heiligen erscheint manches fremd, und vieles ist zeitbedingt. Heilige sind in bestimmter Hinsicht immer extreme Existenzen. Darum gehört manches ihrer Botschaft zur Provokation und »Torheit« des Evangeliums, die nicht geglättet und allzu leicht aufgelöst werden darf. Von daher kann es gar nicht anders sein, als daß Texte gelegentlich sperrig bleiben und weniger ansprechen. Darüber hinaus wird innerer Gleichklang mit allen Persönlichkeiten bzw. deren Texten nicht zu erzielen sein.

Die vorzufindende Vielfalt und Buntheit möge Anregung sein, den je eigenen Weg der Jesus-Nachfolge zu finden: keine Kopie, sondern die je eigene »Übersetzung« ist gefragt. Dabei geht es immer »nur« – das ist schon viel! – um meinen je nächsten Schritt, dem Geist Gottes in meinem Leben Raum zu geben und Jesus nachzufolgen.

Was Gott aus Menschen macht

»Wenige Menschen ahnen, was Gott aus ihnen machen würde, wenn sie sich ihm ganz überließen« (Ignatius von Loyola). Diese »Exerzitien für den Alltag« richten sich an alle geistlich Interessierten. Entscheidend sind nicht so sehr die schon erworbene Kompetenz, die bereits gemachten Erfahrungen auf einem (bestimmten) geistlichen Übungsweg, sondern die (vielleicht schwer zu fassende) Sehnsucht, sich im Sinne des Wortes von Ignatius Gott zur Verfügung zu stellen und so einen Schritt in Richtung »personaler Glaube« zu tun. Ziel ist die Einübung jenes Beziehungsgeschehens, das für den christlichen Glauben fundamental ist: eine zunehmend persönliche Beziehung zu Gott in Jesus Christus. Sie soll ins Wort finden. Darum geht es wesentlich um die Wiederentdeckung des Betens und seine Einübung im Alltag.

Beim Versuch, ins Beten hineinzuwachsen, nehmen wir Anleihen an Menschen, die selber große Beter und Beterinnen waren. Der thematische Schwerpunkt dieser Art der Exerzitien erfordert Offenheit für den Reichtum der geistlichen Tradition der Kirche sowie Bereitschaft, sich mit deren Zeugnissen konfrontieren zu lassen. An der Hand derer, die sich Gott zur Verfügung stellten und die die Jesus-Nachfolge zum Zentrum ihres Lebens machten, sollen die Umrisse der eigenen Lebensgestalt aufleuchten: Was Gott aus mir machen will und »das Große, das Gott denen bereitet, die ihn lieben« (vgl. 1 Kor 2,9).

»Exerzitien für den Alltag« – alleine?

Der vorliegende Kurs war ursprünglich für die Pentekoste, für die 50 Tage zwischen Ostern und Pfingsten konzipiert. Auferstehung und Geistsendung, Ostern und Pfingsten, sind ein Ereignis, auf dem unser Glaube und die Bezeugung der Auferstehung durch eine Kette von Zeugen im Raum der Kirche beruht.

Viele werden den Weg dieser »Exerzitien für den Alltag« alleine gehen – und werden dabei doch nicht alleine bleiben. Was von außen wie reine Abstraktion erscheinen mag, ist in der Sicht des Glaubens Wirklichkeit: die »Gemeinschaft der Heiligen.« Kein Glaubender geht allein, er steht immer schon in einer Gemeinschaft, die die Grenzen von Zeit und Raum sprengt. Denn zur Kirche als »pilgerndes Volk Gottes«, als Weggemeinschaft des Glaubens gehören auch jene, die schon ans Ziel gelangt sind. Ein Anliegen dieses Kurses ist, »Gemeinschaft der Heiligen« über eine formale Betrachtung als Glaubensartikel hinaus zu einer lebendigen Größe werden zu lassen.

Die Heiligen sind mit uns unterwegs. Sie waren immer Menschen im Raum der Kirche, auch wenn sie mit dieser konkreten Kirche oft ihre Not hatten. Die Impulsfragen der einzelnen Tageseinheiten sind oft im Singular gehalten (»ich« und »mein« Weg stehen in Frage) und scheinen so ein individualistisches Mißverständnis des Glaubens zu begünstigen. Doch sie sind an mich gerichtet, der ich meinen Ort in dieser Kirche, in der »Gemeinschaft der Heiligen« zu suchen habe. Heil für mich alleine ist unchristlich; Heil gibt es nur gemeinsam. Somit ist die Kirchlichkeit meines Weges immer mitgemeint.

Ein konkreter Ausdruck dieser Tatsache wäre etwa durch geistlichen Austausch im Rahmen einer Glaubensgruppe gegeben. Eine weitere Form, während der »Exerzitien für den Alltag« den kirchlich-gemeinschaftlichen Aspekt einzubringen, sowie eine Vorsichtsmaßnahme, sich nicht alleine zu verrennen, besteht im Wahrnehmen geistlicher Begleitung. Der (die) geistliche Begleiter (Begleiterin), mit dem (der) ich meine während des Kurses gemachten Erfahrungen reflektiere, repräsentiert die Gemeinschaft der Kirche und ihre geistliche Tradition.

Mystik und Politik

Neben dem oben angedeuteten individualistischen Mißverständnis ist christliche Spiritualität einer weiteren Mißdeutung ausgesetzt: Immer noch ist es weit verbreitet, Spiritualität als reine »Innerlichkeit« zu deuten; als ob es in ihr vorrangig, ja ausschließlich darum ginge, den »Innenraum meiner Seele« aufzuputzen, während das »Außen« der Welt in ihrer Kompliziertheit und Zerrissenheit ausgespart wird. Nach dem Ersteindruck scheinen manche der im Rahmen dieser »Exerzitien für den Alltag« gestellten Fragen oder vorgelegten Impulse in diese Richtung zu gehen.

Darum sei, sozusagen als Vorzeichen vor der Klammer, an dieser Stelle gesagt: Jede christliche Spiritualität hat – auf ihre Weise – eine Sendung in die Welt und einen Auftrag zur Weltgestaltung. In diesem Sinn gehört eine gesellschaftlich-politische Dimension zum Grundgehalt jeder christlichen Spiritualität, wenn auch die Ausdrücklichkeit bzw. die Akzentsetzung in diese Richtung unterschiedlich ausfällt. Es wird sich zeigen, wie oft die Heiligen schon alleine dadurch, daß sie den Finger auf den unlösbaren Zusammenhang von Gottesliebe und Nächstenliebe legen, gegen die Versuchung der »reinen Innerlichkeit« angehen. Darüber hinaus wird an einigen Gestalten der – für alle christliche Spiritualität gültige – Zusammenhang von Mystik und Politik besonders deutlich: Wer in seinem Tun weit nach »draußen«, in die Welt hinein reicht, muß tief in Gott verwurzelt sein. Wer in Gott »wohnt«, dessen Reichweite in die Welt hinein ist unendlich.

Was ist nötig? – Zu den Voraussetzungen

Die »Exerzitien für den Alltag« werden sich um so fruchtbarer für den Glaubensweg auswirken, je deutlicher eine echte Entscheidung zur Teilnahme dahintersteht. »Teilnahme« meint, den ganzen Kurs durchzuführen. Konsequenz und Dabeibleiben-Können ist gefragt. Weil jedoch die Wocheneinheiten – abgesehen vom »roten Faden«, der historisch geknüpft ist – in sich stehen, ist ein Wiedereinstieg nach einer Unterbrechung möglich.

Zu den Fragen, die im Vorfeld zu klären sind, gehört die Abstimmung mit dem Partner (Partnerin), der Familie, der engeren Lebensgemeinschaft. Mein Umfeld sollte wissen, was ich vorhabe und was ich dazu brauche: Verständnis, ein gewisses Maß an Zeit und Ungestörtsein.

Zum Aufbau des Kurses

Die einzelnen Wochen und deren Tageseinheiten sind folgendermaßen strukturiert:

* Jeder Woche ist eine *Einführung* vorgeschaltet. Sie stimmt in die jeweilige Epoche ein, weist auf Schwerpunkte und Hintergründe hin und charakterisiert die einzelnen Persönlichkeiten kurz im voraus.

* An jedem Tag der Woche steht eine christliche Persönlichkeit im Blickpunkt:

– Die *Hinführung* besteht aus biographischen Hinweisen und Hintergrundinformationen.

– Es folgen *Texte* oder von Zeitzeugen festgehaltene Aussagen eines(r) Heiligen.

– Im Anschluß daran wollen *Fragen* und *Impulse zur persönlichen Betrachtung* zum Nachdenken anregen.

– Heilige leben aus dem Wort Gottes: Die angeführten *Bibelstellen* sind als Hinweis darauf zu verstehen, welche Grundaussage der Hl. Schrift der (die) Heilige im eigenen Leben verwirklicht und auslegt.

* Der dritte und fünfte Samstag dient der *Wiederholung*.

Zur konkreten, täglichen Durchführung hat sich folgende Struktur bewährt. Ich benötige:

* 30–45 Minuten im Laufe des Tages, um die Texte und Anregungen betrachtend-besinnlich zu lesen und zu bedenken. (»Hilfen zur Gestaltung einer Betrachtungszeit« werden weiter unten behandelt.)

* 10 Minuten, um (wenn möglich, nicht gleich im Anschluß an die Betrachtung) einen Gedanken, einen Satz, ein Wort zu notieren: Was war für mich heute bedeutsam (»Reflexion«)?

* Wünschenswert, aber wohl nicht immer möglich, ist das Teilen der persönlichen Eindrücke und Erfahrungen mit jemandem, der auf dem Weg der Jesus-Nachfolge und im Leben des Gebetes eine gewisse Erfahrung hat (»geistliche Begleitung«).

Hilfen zur Gestaltung einer Betrachtungszeit

Die »Exerzitien für den Alltag« haben es mit Texten zu tun. Wie ist eine Annäherung an die Worte der Heiligen möglich? Wie »mache« ich eine Betrachtung?

Das betrachtend-besinnliche Lesen (s.o. »Geistliche Schriftlesung«), auf das es im Zuge dieser Exerzitien ankommt, will eingeübt werden. Es ist primär ein betender Vollzug. Natürlich kommt es darauf an, einen Text zuerst einmal zu verstehen. Doch für den weiteren Verlauf ist es wichtig, die Texte nicht diskursiv-argumentativ zu zerlegen, sondern – wie es die Mönchstradition nennt – zu »kauen« und zu »verkosten«. Im Hintergrund steht immer die Frage: Was bedeutet das für mein Leben? Was will Gott mir durch dieses Wort sagen? Durch welches Wort will mich Jesus enger in seine Freundschaft führen?

Äußerer Rahmen: Zeit – Ort – Haltung

In der Wahl der Zeit, des Ortes und einer entsprechenden Haltung scheint es sich um Dinge zu handeln, die »nur äußerlich« sind. Dennoch werden hier Weichen gestellt.

Wenn ich wählen kann – viele können das nicht! –, setze ich dort im Tagesrhythmus an, wo ich gut bei Kräften bin. Es soll eine für mich gute Zeit sein, in der ich nicht zu müde bin, nicht zu sehr gestört werde. Die Absprache mit dem Ehepartner, mit den Kindern oder Mitbewohnern ist notwendig. Sie müssen wissen, wann und wo ich ungestört bleiben möchte. Als hilfreich erweist sich, immer die gleiche Zeit am Tag einzuhalten. Habe ich »meine« Zeit gefunden, versuche ich, ihr im Hinblick auf Zeitpunkt und Dauer treu zu bleiben.

Die Wahl eines Ortes erfordert ebenfalls Aufmerksamkeit. Ob es nun ein Zimmer ist oder eine Kirche: Ich soll darin ungestört sein und mich darin wohl fühlen. Der Ort soll mit einfachen Mitteln so gestaltet sein, daß es mir zur Sammlung verhilft (Bild, Kreuz, Kerze ...).

Die Gebetshaltung, die ich wähle, soll mir helfen, gelöst, offen und wach da zu sein.

Um in der Betrachtungszeit zur Ruhe zu kommen und sich durch äußere Einflüsse nicht allzu sehr ablenken zu lassen, müssen Wege gefunden werden: z.B. Telefon abstellen; sich entscheiden, nicht abzuheben; einen

Wecker einstellen (um nicht ständig auf die Uhr zu schauen); einen Zettel und Stift bereitlegen (um die unbedingt notwendigen Erledigungen, die mir einfallen, zu notieren und dann lassen zu können) ...

Innerer Aufbau

Um in die Betrachtung und in weiterer Folge ins Gebet zu finden, ist es hilfreich, sich an eine bestimmte Struktur zu halten. Solche Methoden sind als Stützen und Hilfen anzusehen, Betrachtung und Gebet zu einer guten Gewohnheit werden zu lassen, auf die man nicht mehr verzichten will. Eine Betrachtung läßt sich in folgenden Schritten gestalten:

Sich bereiten
Ich suche den Ort auf, den ich für meine Betrachtung gewählt habe. Vielleicht kann ich diesen »Ortswechsel« schon bewußt vollziehen: Ich suche die Nähe des Herrn.– Ich nehme meine Gebetshaltung ein und lasse mir genügend Zeit, ganz anzukommen, mich in meinem Leib wahrzunehmen, mich zu sammeln; die Gedanken können kommen und gehen. Ich mache mir bewußt: Ich brauche nichts zu leisten, nur da zu sein.

Die Gegenwart Gottes
Der nächste Schritt macht ernst mit dem Glauben, daß Gott da ist und daß ich und meine Welt in ihm bin. Ich stelle mich bewußt in die Gegenwart Gottes. »Gott, du bist da. Du siehst mich. Ich bin vor dir.« Ich setze einen bewußten Anfang und mache ein Kreuzzeichen. Ich bitte um die rechte Gesinnung, um den Hl. Geist: Er möge mich mit seinem Licht auf das stoßen lassen, was meinen Weg erhellt und mir weiterhilft.

Betrachten – Verweilen
Ich lese den Text (die Texte) langsam (vielleicht laut)

durch. Den Inhalt lasse ich in mir lebendig werden und mich davon ergreifen. Was fällt mir auf? Was spricht mich an? Was läßt mich nicht in Ruhe? Ich versuche zu erspüren, was der Text, ein bestimmter Satz, ein Wort mir jetzt sagen möchte. Die Fragen und Anregungen im Anschluß an die Texte wollen dafür eine Hilfe, aber keine Gängelung sein.

Es kommt nicht darauf an, unbedingt alle Texte eines Tages durchzugehen, wenn ich vorher schon bei einem »stehengeblieben« bin. Wesentlicher ist, in Offenheit darauf zu achten, was mich »an-spricht«. Liegt darin Ermutigung, Trost, Herausforderung, Korrektur?

Wenn sich nichts in dieser Richtung zeigt und ich den Eindruck habe, von keinem Wort in besonderer Weise angesprochen zu sein, muß das nicht unbedingt ein schlechtes Zeichen sein: Im Vertrauen darauf, daß der Hl. Geist auch dann wirkt, wenn ich nichts davon empfinde, ist es dann wichtig, die vorgenommene Zeit über zu bleiben und das Wort dennoch in sich einsinken zu lassen. Wenn ein Wort, ein Text jetzt noch nicht aufgeht, dann irgendwann später.

Das vorgelegte Wochen- bzw. Tagesschema ist aber auch dahingehend offen, einen Text bzw. einen Heiligen mehrere Tage über zu betrachten. Das Sich-packen-Lassen von einer Gestalt hat mehr Wert als Vollständigkeit. Für diesen Fall müßten die entsprechenden Tageseinheiten ausfallen.

Zwiegespräch

Gegen Ende lasse ich meine Betrachtung in ein Gespräch mit dem göttlichen Gegenüber einmünden. Hier hat der Dank, das Lob, die Bitte, die Klage Platz. Da kann ich dem Herrn sagen, was ich mir von diesem Text (von dieser Persönlichkeit) für mein Leben mitnehme. Ich bitte den Herrn um seine Hilfe.

Nach der Übung, die ich nicht zu abrupt beenden soll, blicke ich zurück: Wie ist es mir ergangen? Was klingt noch nach? Wichtiger als gedankliche Einsichten sind innere Bewegungen. – Notizen können hilfreich sein. Nachdem nun im Vorfeld die notwendigen formalen, d.h. eher äußeren Bedingungen zur Durchführung des Kurses abgeklärt sind, geht es um die innere Haltung. Der Emmausgang könnte ein Leitbild sein. Ich darf darauf vertrauen, daß Jesus auf dem Weg der »Exerzitien für den Alltag« mitgeht.

Anmerkungen

[1] Vgl. dazu A. Falkner, Die »Leichten Exerzitien« in der frühen Praxis von Ignatius und Peter Faber, in: Korrespondenz zur Spiritualität der Exerzitien 39 (1989), Heft 54, 41–57; M. Schneider, Exerzitien im Alltag, in: Ignatianisch. Eigenart und Methode der Gesellschaft Jesu. Hrsg. v. M. Sievernich/ G. Switek, Freiburg 1990, 513–526. – Zur Sache der »Exerzitien im Alltag« s. ferner die diesem Thema gewidmeten Hefte der Korrespondenz zur Spiritualität der Exerzitien 39 (1989), Heft 55; 47 (1997), Heft 70 und 71.

[2] Vgl. aus neuerer Zeit K. Johne, Geistlicher Übungsweg für den Alltag. Ein Kursangebot, Graz 1987.

[3] S. dazu M. Schneider, Wege des neuen Lebens. Modelle christlicher Existenz, Freiburg 1992, 106–135.

Zur ersten Woche

Manchmal sind es ganz schlichte Dinge oder einfache Vollzüge, die entscheidend sind. Sicher haben Sie schon die Erfahrung gemacht: Wie eine Sache beginnt, so bleibt sie. Über den Verlauf eines Vorhabens wird nicht selten schon zu Beginn entschieden. Darum ist ein guter Anfang so wichtig, weil er das Ganze prägt.

Schon die Überlieferung der Wüstenväter, die die Zeit des entstehenden Mönchtums einfängt, wußte um diesen Sachverhalt: *»Man erzählte von Abbas (= Vater) Or und Abbas Theodor: Sie machten gute Anfänge und dankten Gott in allem ...« – Einen guten Anfang machen,* damit wäre für den ganzen Verlauf dieser »Exerzitien für den Alltag« viel gewonnen.

Pfingsten war *»der gute Anfang«* der Kirche. Die Jünger wagen sich hinter den aus Furcht verschlossenen Türen (vgl. Joh 20,19) hervor, brechen ihr Schweigen, weil sie über das reden müssen, was sie »gesehen und gehört haben« (Apg 4,20): über Christus, den Auferstandenen. Die ersten Christengemeinden entstehen; Liturgie, Glaubensbekenntnis und Gemeindeleben entfalten sich und finden erste Formen.

Gemäß unserer Vorgangsweise der Exerzitien, die sich an der Geschichte der christlichen Spiritualität orientiert, setzen wir in der frühen nachbiblischen Zeit ein und nehmen das Urgestein christlicher Überlieferung in den Blick. Gleich in der ersten Woche gibt es »feste Speise« (1 Kor 3,2)! Die Zentralfiguren sind Märtyrer und Mönche: Männer und Frauen, die in ihrer Gottsuche und Jesus-Nachfolge an die Grenze gingen – bis zur Hingabe des Lebens (»blutig« oder »unblutig«).

In dieser Zeit der frühen Kirche (2. bis 6. Jahrhundert):
– verlagert sich das Zentrum des Christentums von Palästina in den gesamten Mittelmeerraum;
– werden Christen immer wieder verfolgt. Der *Zeuge*

(griechisch *martys*), der mit dem Einsatz seines Lebens den Glauben an Christus bekennt, wird eine feststehende Größe in der Kirche;
– zeigt sich bereits, daß Jesus-Nachfolge auf unterschiedlichen Wegen in unterschiedlicher Intensität gelebt wird;
– konstituiert sich das Mönchtum. Es wird die Möglichkeiten der Nachfolge Jesu auf Jahrhunderte hin prägen.

* Zu Beginn soll *Ignatius von Antiochien* gehört werden, einer der ersten Märtyrer in Kleinasien. Was kann er mir heute sagen?
* *Irenäus von Lyon* bemüht sich in seinem Theologendasein um die rechte Lehre. Daß das nicht zu Starrheit führen muß, zeigt sein Rat »*Mensch, bleibe formbar*«.
* *Origenes* sucht nicht nur das Gespräch mit der griechischen Philosophie auf höchstem Niveau. Er versteht es auch, den Taufbewerbern die Bibel persönlich nahezubringen und geistlich auszulegen.
* Die *Wüstenväter* suchen Christus nachzufolgen, indem sie sich aus der Welt zurückziehen, die Welt »fliehen«. Mit ihren Erfahrungen mönchischen Lebens geben sie ein Zeugnis frühchristlicher Weisheit.
* *Benedikt von Nursia* lebt zur Zeit der Völkerwanderung, also in einer Epoche des Umbruchs und der Zerstörung. Die auf ihn zurückgehende Mönchsregel gibt nicht nur dem abendländischen Mönchtum entscheidende Impulse; Benedikt sieht darin eine einfache Anleitung zum christlichen Leben.

Vielleicht wird manches dieser ersten Woche fremd anmuten, anderes wieder hart und kaum nachvollziehbar. Liegt aber nicht gerade darin die Herausforderung, den eigenen Horizont zu weiten? Extreme Existenzen sind faszinierend und eine Provokation, ein Ärgernis und eine Herausforderung.

Eines ist jedoch nicht zu vergessen: Ignatius von Antiochien, Irenäus, Origenes, die Väter und Mütter der Wüste, Benedikt – sie alle hatten ihren *Weg*. Kein Mensch (und auch kein Heiliger) bekommt alles in die Wiege gelegt. Wer seine Geschichte mit Gott in der Jesus-Nachfolge beginnt, wird in eine innere Entwicklung, in einen Wachstumsprozeß eingewiesen.

Zur Erinnerung: Es geht darum, *ein* Wort herauszunehmen, nämlich jenes, das mir in meiner gegenwärtigen Situation einen Schritt weiterhilft. Es kann in der Nachfolge Jesu ja nie darum gehen, sogleich alles und das Ganze zu tun. Die Frage ist also: Worin besteht mein nächster, mir möglicher Schritt?

»Laßt uns die gegenwärtige Gnade lieben«

Ignatius von Antiochien († um 115)

Hinführung

Ignatius, mit dem Beinamen »*der Gottesträger*«, war Bischof der Christengemeinde im syrischen Antiochien, dort, wo man die Jünger Jesu zum ersten Mal »*Christen*« nannte (vgl. Apg 11,26). Bald nach 110 in einer lokalen Christenverfolgung verhaftet, wurde er in einer Soldatengruppe nach Rom gebracht, wo er um 115 den Märtyrertod fand. Auf dem Wege durch Kleinasien war es Ignatius möglich, an den Rastplätzen Briefe an die jungen Christengemeinden der Umgebung zu schreiben. Diese Briefe, ganz aus dem Augenblick verfaßt, sind ein lebendiges Zeugnis aus der zweiten Generation der Christen, einer Zeit, als, wie der Kirchenvater Hieronymus sagt, »*die Erde noch warm war vom Blut Christi*«.

Im Brief an die Gemeinde in *Ephesus* schreibt Ignatius: *»Laßt uns die gegenwärtige Gnade lieben ..., um nur in Christus Jesus erfunden zu werden zum wahren Leben. Ich trage in Christus die Fesseln herum, die geistlichen Perlen, in denen mir die Auferstehung zuteil werden möge.«*

* *»Laßt uns die gegenwärtige Gnade lieben«*: Ich versetze mich in die Lage dessen, der das schreibt. Er befindet sich auf dem Weg ins Martyrium. – Bin ich offen, in dem Schweren, das mir begegnet, (irgendwann einmal) *Gnade*, ein Angebot der Gnade zu sehen?
* Ignatius bezeichnet die Fesseln als »*geistliche Perlen*«: Sie bedeuten ihm Bindung an Christus. – Ich erinnere mich: Seit meiner Taufe bin ich festgelegt, bin ich an Christus gebunden. Ich bin auch dazu gerufen, sein Schicksal zu teilen.

* *»Die gegenwärtige Gnade lieben«:* Wie will Christus in meiner jetzigen Lebenssituation mir nahe sein? Wie kann ich da, wo ich stehe, Verbundenheit mit Christus finden und leben?
* Bibelstellen: Lk 5,33–34; 12,54–57; Eph 5,14–16a.

»Mensch, bleibe formbar«

Irenäus von Lyon († um 200)

Hinführung

Irenäus von Lyon ist der bedeutendste Theologe des 2. Jahrhunderts. Er stammte aus Kleinasien und hatte über seinen Lehrer, den hl. Polykarp von Smyrna, noch Verbindung mit der Tradition der Apostel und der Entstehungswelt des Johannesevangeliums. Als Bischof von Lyon bekämpfte er die Irrlehre des Gnostizismus (= Selbsterlösung durch höhere Erkenntnis). Irenäus starb als Märtyrer um 200.
Der Text des Bischofs Irenäus erhellt das dialektische Verhältnis von Statik und Dynamik im geistlichen Leben:

»Mensch,
du bist ein Werk Gottes.
Erwarte also die Hand deines Künstlers, die alles zur rechten Zeit macht; zur rechten Zeit für dich, der du gemacht wirst.
Bring ihm ein weiches, williges Herz entgegen und bewahre die Gestalt, die der Künstler dir gab.
Bleibe formbar, damit du nicht verhärtest und schließlich die Spur seiner Finger verlierst. Wenn du den Abdruck seiner Finger in dir bewahrst, steigst du zur Vollkommenheit empor.
Die Kunst Gottes gestaltet den Lehm, der du bist. Nachdem er dich aus dem Stoff geformt hat, wird er dich innen und außen mit reinem Gold und Silber schmücken. So schön wird er dich machen, daß am Ende er selbst nach dir verlangt ...
Das Erschaffen kommt der Güte Gottes zu. Erschaffenwerden aber ist das Wesen der menschlichen Natur.«

* *»Mensch, du bist ein Werk Gottes«:* Ich mache mir bewußt, daß mein Leben von Gott her kommt; daß ich ein *Werk Gottes,* das Ab-Bild eines *Künstlers* bin – und daß darin meine Würde liegt. Diese Übung soll helfen, gegen eine bestimmte Art des Vergessens anzugehen: mein geschöpfliches Da-sein als etwas vermeintlich Selbstverständliches hinzunehmen.

* Gott ist ein *»Künstler«:* Höchste Kreativität, schöpferische Macht und Spontaneität haben an mir gehandelt. *»Bewahre die Gestalt, die der Künstler dir gab«* – das könnte bedeuten: ›Bewahre dir das Bewußtsein, daß du etwas ganz Besonderes, Einzigartiges bist.‹

* Die *rechte Zeit:* Sie kommt, die rechte Zeit, der richtige Zeitpunkt, um auf der Suche nach der Lebensgestalt einen (vielleicht: den) entscheidenden Schritt zu tun. Was hilft mir, die *rechte Zeit* nicht zu verpassen?

* Der Schöpfungsakt ist nicht zu Ende: *»Bring ihm ein weiches, williges Herz entgegen«* und: *»Bleibe formbar«.* Der Glaube an den Schöpfergott beinhaltet die Bereitschaft, Gott weiter an sich handeln zu lassen und ihm ein *weiches, williges, formbares Herz entgegenzubringen.* – Welche Art von innerer Verhärtung, Verkrustung kann ich an mir beobachten?

* Irenäus spricht von der *»Formbarkeit eines weichen Herzens«* und gleich anschließend von der *»Bewahrung der Gestalt«.* Ist das ein Gegensatz? Was fange ich mit dieser Spannung an? Kann ich diese Pole so stehenlassen?

* Irenäus zeigt, wie die Bemühung um die rechte Lehre keineswegs zu Starrheit führen muß. Ich frage: Welche Ausdrucksformen meines Glaubens haben sich im Lauf der Jahre gewandelt? Wächst mein Glaube mit mir mit?

* Wer den *Abdruck der Finger* Gottes in sich bewahrt, nähert sich der Vollkommenheit an: Hat der Anteil des Menschen auf dem Weg zur Vollkommenheit in der Sicht des Irenäus mehr aktive oder mehr passive Elemente?

* *Vollkommenheit:* Der Mensch bewirkt sie nicht selber, sie ist grundgelegt im Schöpfungsakt durch Gott, den Künstler. *Vollkommenheit* besteht nach Irenäus auch nicht in moralischer Perfektion, vielmehr darin, daß ich die Idee des Künstlers – die ich bin – mit Sorgfalt und Ehrfurcht durchs Leben trage und je neu »darstelle«, verleibliche.

* »Mensch, du bist *Lehm*«: Was assoziiere ich damit? Kenne ich einen Ausdruck von »Erdverbundenheit«, der für mich echt ist? Wie kann ich die Dimension der Materie, der Leiblichkeit in meinen Glaubensvollzug integrieren?

* *»daß am Ende er selbst nach dir verlangt«:* Der Mensch ist von Gott geschmückt, ist außen und innen so schön, daß der *Künstler* auf ewig mit seinem Kunstwerk zusammen sein will. Seit dem Leben, Sterben und Auferstehen Jesu Christi darf ich mir sagen: Gott nimmt diesen seinen Willen unter keinen Umständen mehr zurück.

* Bibelstellen: Jer 18,1–6; Jes 61,10; 64,7; Ps 8; Ps 139.

Wanderung durch die Wüste

Origenes (um 185–254)

Hinführung

Origenes ist nicht offizieller, aber dennoch allgemein aner-
kannter »Kirchenvater«; christliche Theologie ohne Origenes,
den fruchtbarsten Schriftsteller der Alten Kirche, ist kaum
vorstellbar. Als Theologe suchte der 185 in Alexandrien Geborene die Brücke zwischen Christus und der griechischen
Geisteswelt; er war schon zu Lebzeiten auch außerhalb der
Kirche allgemein anerkannt. Daneben leistete Origenes auch
Bahnbrechendes für die Bibelauslegung. Origenes starb an Fol-
terungen, die er in der Verfolgung unter Kaiser Decius erlitten
hatte.
Als Leiter der Katechumenenschule von Alexandrien ging es
ihm vor allem in seinen Schriftauslegungen um die Glau-
bensvertiefung seiner Hörer. Mit Hilfe der damals allgemein
verbreiteten allegorischen Methode führt er von der Buchsta-
benbedeutung zu einem tieferen geistlichen, je persönlichen
Verständnis der Hl. Schrift.

(1) Auszug aus Ägypten

*»Das Sinnbild des Auszugs aus Ägypten kann so ver-
standen werden: Denn auch wenn einer aus der Finsternis des Irrtums zum Licht der Anerkenntnis gelangt und sich von erdhaftem Wandel zu geistiger Lebensführung bekehrt, zieht er aus Ägypten aus und gelangt in jene einsame Wüste, nämlich in jenen Abschnitt seines Lebens, wo er durch Schweigen und
Ruhe sich in den göttlichen Gesetzen üben und die
himmlischen Aussprüche in sich einsickern lassen
muß, um dadurch neugestaltet und geleitet den Jordan
zu durchschreiten und weiterzueilen bis zum ver-*

*heißenen Land, das heißt, durch die Gnade der Taufe
bis zum Leben gemäß dem Evangelium zu gelangen.«*

* Origenes sagt: Das Wachstum des Glaubens und die
Entwicklung des geistlichen Lebens geht in Etappen vor
sich, die für gewöhnlich nicht zu überspringen sind.
Kann ich im Rückblick auf meinen Glaubensweg solche Schritte ausmachen?
* Worin besteht mein »Ägypten«, aus dem ich *auszie-
hen* muß? Das »Ägypten« der Kirche (d.h. meiner konkreten Glaubensgemeinschaft, etwa meiner Pfarrei,
meiner Glaubensgruppe ...) – was ist es, was wir hinter
uns lassen müssen?
* »Wüste« ist in diesem Textausschnitt positiv besetzt:
Ort des Schweigens, der Ruhe, in der die *Übung in den
göttlichen Gesetzen* erfolgt. Welche Parallelen aus dem
Neuen Testament fallen mir dazu ein?
* »*Die himmlischen Aussprüche in sich einsickern lassen*«: Wo, wann und wie tue ich das? Das Einsickern
benötigt Zeit. Die Verheißung dieses Tuns: Darin geschieht Neugestaltung!
* Das *Leben gemäß dem Evangelium* steht am Ende,
nicht am Anfang des Exodus ...
* Origenes' Art der Bibelauslegung läßt mich nach dem
Maß meiner Offenheit, Geduld, Beharrlichkeit und
Phantasie in der Beschäftigung mit der Hl. Schrift fragen. Bleibe ich so lange »dran«, bis ich etwas »für mich«
gefunden habe?

(2) Das Brot der Engel

*»Hast du einmal eingesehen, wieviel Ruhe der Weg der
Weisheit enthält, wieviel Anmut, wieviel Erfreuliches,
so entwinde dich nicht, sei nicht nachlässig, sondern
unternimm die Wanderung und fürchte dich nicht vor
der Einsamkeit der Wüste. Denn auch dir, wenn du in
solchen Zelten zu wohnen beginnst, wird das himmli-*

sche Manna begegnen, und du wirst das Brot der Engel
essen. Nur mußt du anfangen, und es darf dich ... die
Verlassenheit der Wüste nicht schrecken.«

* Welche Grundstimmung spricht aus diesem Text?
* »Sei nicht nachlässig«: Worin trifft mich dieses Wort?
* Was – oder: wer? – ist mir Manna und Brot der Engel
auf dem Weg durch die Wüste?
* Wo lasse ich mich allzu leicht durch Schwierigkeiten
abschrecken?
* Bibelstellen: Ex 16; Num 10–36; 1 Kön 17,2–6; 19,3–8;
Joh 6,32–35.48–51.

(3) Ich bin der Weg

»Christus sagt von sich: Ich bin der Weg. Auf diesen
Weg darf man nichts mitnehmen, keinen Ranzen, keinen Mantel, keinen Stab, nicht einmal Schuhe an den
Füßen. Denn der Weg selbst ist mächtig, für alles Notwendige der Wanderung aufzukommen.«

* An welchen Absicherungen auf dem Weg der Christusfreundschaft halte ich fest? Wo ist ein Mangel an
Vertrauen? – Ich bitte in einem abschließenden Zwiegespräch den Herrn, er möge in mir das Vertrauen stärken, daß Er es ist, der für alles Notwendige der Wanderung aufkommt.
* Bibelstellen: Lk 24,13–35; Joh 14,1–6; Hebr 12,1–2.

Askese als seelisches Konditionstraining

Aus der Überlieferung der Wüstenväter

Hinführung

Schon in den Paulusbriefen des Neuen Testamentes zeigt sich, daß in den christlichen Gemeinden Männer und Frauen asketisch lebten: ehelos, bedürfnislos, ganz dem Gebet und Werken der Nächstenliebe ergeben. Später, im 3. und 4. Jahrhundert, wurde daraus – vor allem in Ägypten – eine »Bewegung«: Hunderte Männer und Frauen verließen die Städte und Dörfer, siedelten sich alleine oder in kleinen Gruppen am Rand bzw. in der Wüste an und begannen ein Leben der Enthaltsamkeit, der Arbeit und des Gebetes. Sie bewohnten Felsspalten, Höhlen, einfache Hütten oder Zelte, bearbeiteten einen kleinen Gemüseacker und flochten aus Palmblättern Körbe oder Seile, die sie auf dem Markt verkauften, um ihren Lebensbedarf zu decken und Almosen geben zu können.

Das Leben dieser gottsuchenden Männer und Frauen war hart: strenges Fasten, wenig Schlaf, körperliche Arbeit, große Hitze (und Kälte), Einsamkeit, keine Zerstreuung, Schweigen, Gebet. Warum nahmen sie das alles auf sich?

– Sie fragten nach der *Glaubwürdigkeit* des eigenen christlichen Lebens.

– Sie wollten *Gott suchen* und »*Gott schauen*«. Jesus nennt in der Bergpredigt die Bedingung dafür: die »*Reinheit des Herzens*« (Mt 5,8). Um Gott finden und widerspiegeln zu können, muß der Spiegel der eigenen Seele von aller Trübung gereinigt werden. Die Askese diente den Vätern der Wüste dazu, die »Landschaft der Seele« zu ordnen und alle vorhandenen Kräfte auf das Ziel der Herzensreinheit hin auszurichten.

– Sie wollten *Jesus gleich werden* in seiner Armut, Heimatlosigkeit und Erniedrigung und ihm auf diese Weise im Kreuztragen nachfolgen. Um den armen, gehorsamen und heimatlosen Jesus nachzuahmen, nahmen sie freiwillig Entbehrungen auf sich.

Wenn auch die zuerst mündlich überlieferten, später schriftlich fixierten Szenen eher Momentaufnahmen einer Begegnung zwischen »Schüler« und »Meister« sind, so enthalten sie dennoch Allgemeingültiges für die Suche nach Gott und die Jesusnachfolge jedes Christen.

»Man erzählte von Abbas Or und Abbas Theodor: Sie machten gute Anfänge und dankten Gott in allem.«

* Jeden Tag *einen guten Anfang machen:* Jeder Tag steht für sich, ist so wie ein eigenes Leben. Ich darf darin *einen guten Anfang machen.*
* Jeden Tag einen guten Anfang machen ... Konkret: den Tag mit Gott beginnen (z.B. Kreuzzeichen, Gebet).
* Jeden Tag einen guten Anfang machen, kann bedeuten: Jeden Tag etwas tun, und zwar gut, innerhalb des eigenen Bereiches und Vermögens.
* *»... und dankten«:* »Verdankte Existenz« – das Programmwort eines Menschen, der den Glauben an die Schöpfung und Erhaltung allen Lebens durch Gott am eigenen Leben durchbuchstabieren will. – Bin ich zum Dank fähig? Den Dank einüben – eine Aufgabe nicht nur dieses Tages.
* Bibelstelle: 1 Kor 4,7

Ein Altvater sprach: »Wir kommen deshalb im Guten nicht voran, weil wir nicht Maß zu halten verstehen, noch auch bei angefangenen Arbeiten Geduld haben, sondern die Tugend ohne Mühe erlangen möchten.«

* Läßt sich das Leben nicht als Kunstwerk verstehen? Es bedarf der Inspiration des Herzens, dann der Entwicklung christlicher Grundhaltungen und schließlich der bescheidenen, konsequenten Arbeit. Kann ich einer einzigen und wichtigen Sache regelmäßig und eine längere Zeit hindurch Aufmerksamkeit widmen?
* Arbeit an sich selbst – *Tugend ohne Mühe ...?* – Gott verwandelt den Menschen und will, daß er mithilft.
* Inwiefern paßt Lk 8,15 zum Wort von der *Tugend ohne Mühe?*

Abbas Theona sagte: »Weil der Geist sich keine Zeit nimmt für die Betrachtung Gottes, darum werden wir Gefangene der fleischlichen Begierden.«

* »*Fleischliche Begierde*« meint in der Sprache der Alten das Kreisen des Menschen um sich selbst, den Egoismus.
* Die Neigung, nur auf sich zu blicken, in sich selbst versponnen zu sein, braucht ein Gegenmittel: den Blick auf Gott.
* Das Wachstum des inneren Lebens braucht jeden Tag – Zeit. In dieser Zeit der *Betrachtung Gottes* lerne ich die Sprache Gottes in meinem Leben.
* Ich versuche, mich an jene Ereignisse zu erinnern, durch die meine Gottesbeziehung und mein Gottesbewußtsein gebildet wurde.

Ein Bruder, der mit anderen Brüdern zusammenlebte, fragte den Altvater Besarion: »Was soll ich tun?« Der Greis antwortete ihm: »Schweige und miß dich nicht!« – Die Altväter sagten nichts anderes als dies: »An welchen Ort du auch hinkommst, vergleiche dich nicht mit anderen, und du wirst Ruhe finden.«

* Das Vergleichen und das Sich-Messen mit anderen ist das Ende des inneren Friedens: Es bringt entweder Überheblichkeit oder Traurigkeit (»Der/Die andere kann das oder das besser ...«) hervor. Kann ich mich meiner Größe freuen und zugleich meine Grenzen sehen?
* Mich so sehen, wie Gott mich sieht: Wie kann ich herausfinden, wie Gott mich haben will?
* Was kann davor bewahren, in unfruchtbarer Weise um sich zu kreisen, sich endlos in sich hinein zu verspinnen auf der Suche nach sich selbst?
* Bibelstellen: Röm 12,16a; 2 Kor 12,20; Gal 6,4; 1 Thess 2,6.

»Gewinnen wir den Bruder, so gewinnen wir Gott«

Aus der Überlieferung der Wüstenväter

Einmal sagte Altvater Antonios: »Vom Nächsten her kommen uns Leben und Tod. Gewinnen wir nämlich den Bruder, so gewinnen wir Gott. Geben wir hingegen dem Bruder Ärgernis, so sündigen wir gegen Christus.«

* Jeder Mensch – auch der Eremit in der Wüste – bleibt auf den Mitmenschen verwiesen. »Keiner ist eine Insel« (Thomas Merton).
* Der Zusammenhang von Gottesliebe und Nächstenliebe ist zentraler Inhalt der biblischen Botschaft. Von daher gilt – auf lange Sicht – das Kriterium: Mein Verhältnis zu den Mitmenschen gibt Auskunft über die Echtheit meiner Gottesbeziehung und meines Gebetes. Und umgekehrt: Aus der Art und Weise meines Umgangs mit den Mitmenschen kann ich auf meinen Umgang mit Gott schließen.
* Bibelstellen: Mk 12,28–34; Tobit 4,15a; Mt 7,12; Mt 25,31–46.

Abbas Or sprach: »Wenn du siehst, daß ich einen Gedanken gegen jemand habe, dann wisse, daß jener den gleichen gegen mich hat.« – Abbas Hyperechios sprach: »Besser ist es, Fleisch zu essen und Wein zu trinken als in verleumderischen Reden das Fleisch der Brüder zu essen.« – Abbas Poimen sagte: »Wenn einer ein böses Wort zu hören bekommt, das heißt ein wehtuendes, und er mit einem ähnlichen antworten könnte, aber kämpft, es nicht zu sagen – oder, wenn er übervorteilt wird und es erträgt und ihm nicht wieder vergilt – ein solcher gibt seine Seele hin für seinen Nächsten (Joh 15,13).« – Abbas Poimen sagte: »Den Nächsten belehren ist das gleiche wie ihn anklagen.« – Abbas Theodor sagte: »Keine andere Tugend ist wie die: keinen verachten!«

* Was sagen mir diese kurzen Szenen aus der Welt der Wüstenväter über die verschiedenen Ebenen des Verhältnisses zum Mitmenschen? Wie stehen Gedanke, Wort und Werk zueinander?
* Die letzten beiden Sätze thematisieren einen Aspekt der »Demut«, ohne dieses belastete Wort zu nennen. Ich lese Phil 2,6–11 und versuche einen sachlichen Zusammenhang herzustellen. Welche Spielformen des Schemas von »oben« und »unten« leiten mein Verhältnis zu den Mitmenschen?

Einige von den Alten kamen zum Altvater Poimen und sagten zu ihm: »Wenn wir beim Gottesdienst Brüder einnicken sehen, willst du, daß wir ihnen einen Stoß geben, damit sie ... wachen?« Er erwiderte: »Wahrlich, wenn ich einen Bruder einnicken sehe, dann leg ich seinen Kopf auf meine Knie und lasse ihn ruhen.«

* Kann ich mich an eine Erfahrung erinnern, in der mir eine ähnliche Mischung aus Barmherzigkeit, Zärtlichkeit und Sanftmut zuteil geworden ist?
* Bibelstellen: Joh 8,1–11; Hebr 4,14–16.

»Gib mir Geduld, Herr, in den Kämpfen«

Aus der Überlieferung der Wüstenväter

Altvater Antonios sagte: »Keiner kann unversucht ins Himmelreich eingehen. Nimm die Versuchungen weg, und es ist keiner, der gerettet wird.«

* Ich mache mir bewußt: Die Versuchung, der »Kampf«, die »Anfechtung« sind Bestandteile meines Weges zu Gott. Sie gehören dazu und werden mich bis zum Ende meines Lebens begleiten.
* Antonios meint: Die Anfechtung ist zur Rettung des Menschen gewissermaßen notwendig. Wie kann ich das verstehen?
* Bibelstelle: Apg 14,22

Altvater Poimen erzählte über den Altvater Johannes Kolobos: Er rief Gott an, und die Leidenschaften wurden von ihm genommen, und er war ohne Sorgen. Er ging fort und sagte zu einem Greis: »Ich stelle fest, daß ich in Ruhe bin und keine Anfechtung mehr habe.« Der Greis sprach zu ihm: »Geh und rufe Gott an, daß ein Feind gegen dich aufsteht und so auch die alte Zerknirschung und Demut, die du früher hattest (wieder zurückkehrt). Denn gerade durch die Anfechtung macht die Seele Fortschritte.« Er bat also, und als der Feind kam, betete er nicht mehr, daß er von ihm befreit werde, sondern sagte: »Gib mir Geduld, Herr, in den Kämpfen!«

* *»Durch die Anfechtung macht die Seele Fortschritte«*: Die Wüstenväter wollten aus den Versuchungen lernen. Sie sahen in den negativen Erfahrungen, die sie mit sich machten, eine Chance der Einübung von Tugenden. Ist diese Sicht von Anfechtung für mich vorstellbar? Worin habe ich am meisten gelernt, mit mir und mit Gott umzugehen?

* Das Wort des Abbas Poimen zeigt, daß eine Auswertung nach einer schwierigen Phase im geistlichen Leben fruchtbar sein kann.

* Die »Anfechtung« zeigt mir meine Grenzen auf, aber auch, was diese Grenzen übersteigen läßt: die Kraft Gottes. Ist das – so gesehen – nicht der Mühe und der Erfahrung wert?

* *»Geduld in den Kämpfen«:* Der Weg der Enthaltung führt nicht zum Heroismus (eine Form der Selbstverliebtheit), sondern zum Verwiesensein auf die Treue Gottes.

* Bibelstelle: 1 Kor 10,13

Zu einem Bruder, der ihm von einer Anfechtung erzählte, sagte Arsenios: »Geh und iß, trinke, schlafe und arbeite nicht, nur verlaß dein Kellion nicht!« Er wußte nämlich, daß das Ausharren im Kellion den Mönch in seine rechte Ordnung bringt.

* *»Ausharren im Kellion«* = in der Zelle bleiben: Gerade in Zeiten, in denen es mir »nicht gut geht«, muß ich lernen, es mit mir und bei mir auszuhalten. Es hat Wert, nicht sofort in irgendeine Form der Zerstreuung zu flüchten, sondern zu »bleiben«.

* Geistliches Leben will in allem eine Verbindung zu Jesus herstellen. Habe ich schon einmal versucht, eine schwierige Zeit als ein »Ausharren bei und mit Jesus« zu deuten?

* Bibelstellen: Mk 4,1–9; 14,32–42; Lk 22,28.

»Nichts Christus vorziehen«

Benedikt von Nursia (480 – ca. 560)

Hinführung

Schon in der ägyptischen Wüste gab es nicht nur Einsiedler, sondern auch gemeinsames Leben. Man organisierte und ordnete das gemeinsame Leben nach einer »Regel«, der sich alle unterstellten. Diese wertvollen Erfahrungen des christlichen Ostens wurden bald in den Westen übermittelt; Benedikt konnte auf ihnen aufbauen.

Benedikt wurde um 480 in Umbrien geboren. Er unterbricht seine Studienzeit in Rom und wird Einsiedler in Subiaco. Benedikt findet Gefährten, beginnt gemeinschaftliches Leben in 12 Klöstern mit je 12 Mönchen und baut schließlich 529 auf dem Monte Cassino die »Stadt auf dem Berg«, wo er auch seine berühmte Mönchsregel fertigstellt.

Benedikt und die Benediktiner bestimmten nicht nur entscheidend die Zukunft des abendländischen Mönchtums, darüber hinaus war ihr Einfluß auf die Geschichte des Abendlandes in kultureller Hinsicht gewaltig.

Die Regel des hl. Benedikt gilt nicht nur für Menschen im Kloster, sie ist vielmehr ein Lehrbuch der Christusnachfolge für jeden Christen. Alle Vorgaben der Regel wollen eines: der Christus-Wirklichkeit im Menschen umfassend Raum geben und eine damit verbundene allmähliche Umgestaltung in Christus einleiten.

(1) Für Benedikt ist Christusnachfolge ein Lernprozeß. Er sieht das Kloster als »*Schule, in der man dem Herrn dient*«:

»*Wir wollen also eine Schule, in der man dem Herrn dient, gründen. Wir hoffen, bei dieser Einrichtung nichts Rauhes, nichts Drückendes vorzuschreiben.*« (Benediktregel, Vorwort, 45–46)

* Sich auf die Suche nach Gott begeben, Jesus nachfol-

gen – als *Schule?* Schule heißt Lernen, Geduld haben, Fortschritt, Wandel, Mühe, Disziplin, Hören, sich einbringen ...

* Benedikts Bild von der *Schule* ist ein Stärkungsmittel gegen die Versuchung zur Mutlosigkeit. – Ich mache mir bewußt: Ich muß nicht so bleiben, wie ich bin. Ich bin lernfähig. Ich will mich auf den Weg in diese besondere *Schule* begeben.

* Ich erkenne: Gott will mich weiterführen, Neues sehen lassen, zu mehr Tiefe und Weite führen. Er mutet mir Fortschritte zu.

* Bibelstellen: Mt 23,10; Psalm 18,20.37.

(2) Für Benedikt ist die *Ausrichtung auf Christus* und die innere Bindung an Christus zentral. Der Christ soll *»Christus nichts (anderes) vorziehen«:*

»Die Mönche sollen einander in gegenseitiger Achtung zuvorkommen; ihre körperlichen und charakterlichen Schwächen sollen sie mit unerschöpflicher Geduld ertragen ... die Bruderliebe sollen sie einander selbstlos erweisen ... Christus sollen sie überhaupt nichts vorziehen. Er führe uns gemeinsam zum ewigen Leben.« (Benediktregel, 72. Kapitel, 4–5.8.12)

* Ich erstelle eine Prioritätenliste – die Liste der mir wichtigen Dinge, Menschen, Pläne, Gedanken, Vorlieben ... Ich versuche zu ordnen und zu unterscheiden. Was ist mir wichtig? Was zählt vor Gott? Ändert die Tatsache, daß ich nicht endlos Lebens-Zeit habe, etwas an der Prioritätenliste?

* Wenn ich Jesus Christus den Platz gebe, den er in meinem Leben einnehmen möchte, kommt eine Mitte in mein Leben, die sich auf das Ganze ordnend auswirken wird.

* Was es konkret bedeuten kann, *»Christus nichts vorzuziehen«,* zeigt der Zusammenhang des Textes: Chri-

stus begegne ich dort, wo ich die Schwäche des Mitmenschen geduldig ertrage, wo ich dem Nächsten diene und mich das etwas kostet. In welcher Situation wurde mir deutlich, daß die Entscheidung für Christus eine unbedingte Entscheidung für den Nächsten beinhaltet?
* Bibelstellen: Mt 6,21; Apg 4,12.

(3) Das letzte Ziel des Weges (der Schule) sieht Benedikt dort erreicht, wo der Mensch nicht mehr aus Angst, sondern aus *Liebe zu Christus* und Freude am Guten handelt:

»Aus dieser Liebe wird der Mönch alles, was er bisher nicht ohne Angst beobachtet hat, von nun an ganz mühelos, gleichsam natürlich und aus Gewöhnung einhalten, nicht mehr aus Furcht vor der Hölle, sondern aus Liebe zu Christus, aus guter Gewohnheit und aus Freude an der Tugend.« (Benediktregel, 7. Kapitel, 68–69)

* Benedikt schätzt den Menschen nüchtern ein: Lange Zeit spielen in der Jesusnachfolge unterschiedlichste Motive eine Rolle. Neben Liebe und Begeisterung für Jesus gibt es auch Angst, neben Sehnsucht nach Gott auch Egoismus und Eitelkeit.
* Welches sind meine Motive der Jesusnachfolge (soweit sie mir bewußt sind)? Was treibt mich an, was bewegt mich?
* Gott-Vater ist der Winzer (Joh 15): Er läßt mir Zeit, er hat Geduld mit mir, er reinigt aber auch meine Motive.
* Bibelstelle: Joh 15,1–17

Zur zweiten Woche

Am Beginn der zweiten Woche soll eine kurze Rückschau stehen:
* Wie verlief der Beginn der »Exerzitien für den Alltag«? Wo lagen die Schwierigkeiten? Was bereitete hingegen keine Probleme?
* Ist es gelungen, zur Welt des frühen Christentums einen Zugang zu finden?
* Ließen sich »hinter« den Texten Menschen, Personen, Glaubenszeugen erahnen, mit einer je eigenen Glaubensgeschichte?
* Oder blieben die Texte eher »stumm«? Für diesen Fall wäre es wichtig, sich dadurch nicht entmutigen zu lassen.

Wenn diese Woche der Exerzitien mit dem 11. Jahrhundert einsetzt, bedeutet dies einen Zeitsprung von gut 600 Jahren: Hinter uns liegt die Zeit der Völkerwanderung und die Neuordnung Europas. Das Zentrum der Macht hat sich von Rom ins Reich der Karolinger verlagert. Klöster haben sich zu geistlichen und kulturellen Zentren entwickelt, sind allerdings als Stiftungen reicher Grundherren auch in Abhängigkeiten geraten.
Die Frömmigkeit dieser Zeit trägt lange eine »Altlast« mit sich herum: den Streit mit den Arianern. Diese hatten im 4. Jahrhundert die Gottheit Christi geleugnet. Die betonte Absetzung von den Arianern hatte zur Folge, daß Christus immer weniger als der Mittler zwischen Gott und Mensch gesehen wird. Gott selber erscheint eher »abgehoben«: Majestätisch fern thront er über der Erde und den Menschen.
Das ändert sich im 11. und 12. Jahrhundert. Die Gotik löst die Romanik und ihr Christusbild ab. Sie kann Jesus Christus in seiner menschlich-erdhaften Dimension neu entdecken: Jesus wird »menschlicher«. Die Nachfolge

Christi wird zur »Nachahmung« des irdischen Jesus, vornehmlich seines Leidens und Sterbens; eine Epoche der Passionsfrömmigkeit beginnt.

Auf diesem Hintergrund sind folgende Texte zu verstehen:

* Das Gebet des *Johannes von Fécamp* läßt erkennen, wie innig die damalige Zeit Jesus neu entdeckt.

* Der sog. »*Jungfrauenspiegel*« ermutigt zum »Weg der Sehnsucht«.

* *Bernhard von Clairvaux* und die *frühen Zisterzienser* streben danach, dem demütigen und leidenden Jesus gleichzuwerden.

* *Franziskus von Assisi* (»der zweite Christus«) stellt die Armut ins Zentrum der Jesusnachfolge.

Gebet um ein von Jesus geformtes Herz

Johannes von Fécamp (990 – 1078)

Hinführung

Johannes, geboren 990, war Mönch und später Abt des Bene-
diktinerklosters von Fécamp in der Normandie. Er ent-
wickelte in seinen Schriften ein eigenständiges Programm
geistlichen Lebens. Johannes von Fécamp ist einer der ersten
Vertreter der damals neu aufblühenden »Jesusmystik«: Jesus
steht im Zentrum allen Lebens, allen Suchens und Betens; er
ist das mit »Herr« angesprochene Gegenüber.

»Gib mir, Herr,
ein reuiges Herz,
ein reines Herz,
ein ehrliches Herz,
ein ergebenes Herz,
ein keusches Herz,
ein nüchternes Herz,
ein mildes Herz,
ein gelassenes Herz,
ein ruhiges Herz,
ein sehr fröhliches Herz.

Gib mir, Herr,
ein Herz, voll von Sehnsucht nach Dir;
ein Herz, besorgt um alles und zurückhaltend in allem;
ein Herz, natürlich und ohne schlechte Gedanken über
die Brüder;
ein Herz, das mitleidet mit fremden Schmerzen und
Leiden;
ein Herz, das sich mitfreut an den Gütern und Tugen-
den anderer, damit ich weinen kann mit den Weinen-
den und mich freuen kann mit den Fröhlichen.

Gib mir, Herr,
ein fügsames Herz,
ein frommes Herz,
ein sehr empfindsames Herz,
damit ich fremde Schmerzen und Leiden in mir mit-
fühle.

Gewähre, Herr,
daß ich Deinem Diener, meinem Abt, allen Älteren
und meinen Brüdern aufrichtig und mit demütiger
Liebe zugetan bin; an ihren Fehlern, Sünden und Wi-
derwärtigkeiten von Herzen und unter Schmerzen mit-
trage;
an ihren Gütern und Tugenden mich von Herzen mit-
freue;
Deiner Liebe nie etwas vorziehe, sondern Dich in allem
und über alles liebe.«

* Das »*Herz*« ist die Mitte der menschlichen Person.
Bevor ich dieses Gebet nachbete und meditiere, mache
ich mir bewußt: Es geht um meinen Wesenskern, um
mein Tiefstes und Innerstes.
* Indem ich um ein von Jesus geformtes Herz bitte, be-
kenne ich, daß ich der Formung und Wandlung durch
Jesus – noch lange! – bedarf. *Er* will mich formen. Ich
muß noch nicht fertig sein. Ich darf auf dem Wege sein.
* Ich sehe, welch breiten Raum die »*Brüder*«, die »*An-*
deren«, die Mitmenschen in diesem Gebet einnehmen.
* Ein »jesuanisches Herz« – ein Mensch, dessen Sehnsucht es ist, Jesus ähnlich zu werden und ihm nahe zu
sein – kann »*mit-fühlen, sich mit-freuen, mit-leiden,*
mit-tragen«.
* Darin verwirklicht sich das Vorhaben des »*Deiner*
Liebe nie etwas vorziehen«.
* Bibelstelle: Ez 36,26

»Heilige Sehnsucht«

Aus dem »Jungfrauenspiegel« (um 1100)

Hinführung

Der »*Jungfrauenspiegel*« (lateinisch *Speculum virginum*) ist eine bedeutsame asketische Schrift des Mittelalters. Sie ist um 1100 am Mittelrhein entstanden; der Autor ist unbekannt. Der »*Jungfrauenspiegel*« ist eine wichtige Quelle für die Frömmigkeitsgeschichte der Frauenklöster im Mittelalter. Milieu und Atmosphäre dieser Schrift weisen schon in die Zeit des Bernhard von Clairvaux.

»Gott verlangt von dem, der zur Schwelle ewigen Lebens gelangen will, nichts anderes als eine heilige Sehnsucht. Mit anderen Worten, wenn wir auch keine Taten vollbringen können, die der Ewigkeit angemessen sind, laufen wir ungeachtet unserer Niedrigkeit und Trägheit auf sie zu, wenn wir nur Verlangen nach den ewigen Dingen haben. Man verlangt nach dem Essen in dem Maße, wie man Hunger hat, und verlangt nach Ruhe in dem Maße, wie man müde ist. In gleicher Weise bestimmt das Maß des heiligen Verlangens, inwieweit man Christus sucht, sich mit ihm eint und ihn liebt.«

* Was meine ich, daß Gott von mir fordert?
* Der Text rechnet realistisch mit der »*Niedrigkeit und Trägheit*« des Menschen. Was von dem, das ich erbringen kann, ist schon »*der Ewigkeit angemessen*« ...?
* Einzig die Liebe ist angemessen. Sie ist jedem möglich, weil der Mensch von Gott mit un-endlichem Herzen und liebesfähig geschaffen ist. Elementarer Ausdruck von Liebe ist »Sehnsucht«.
* Ich habe Gott gegenüber immer eine Chance: Mit

»*heiliger Sehnsucht*« kann ich ihm antworten und ihn suchen.

* Es liegt auch in meiner Hand, inwieweit und wie intensiv mir die Verbundenheit mit Gott (die Christusfreundschaft) geschenkt wird. Das Maß meiner Sehnsucht gibt dafür den Ausschlag.

* Augustinus rät dem Menschen, der nichts von »*heiliger Sehnsucht*«, von Sehnsucht nach Gott in sich verspürt, darum zu bitten.

* Bibelstellen: Ps 63; Lk 19,5; 22,15.

Gleichförmigkeit mit Jesus Christus

Bernhard von Clairvaux (1090 – 1153)

Hinführung

Bernhard von Clairvaux steht an der Schwelle zwischen »Altem« und »Neuem«: Er ist geprägt von der Tradition der Kirchenväter, zugleich ist er in vielem schon ein Mensch der »Neuzeit«. Die Zisterzienser – sie gehören zur Ordensfamilie der Benediktiner – erhalten von ihm entscheidende Impulse und verdanken ihm ihren kolossalen Aufschwung im 12. und 13. Jahrhundert.

Bernhard wurde 1090 in einer Adelsfamilie in der Nähe von Dijon (Burgund) geboren. Nach dem Tod seiner Mutter nimmt sein Leben eine Wende: Er tritt 1112 mit dreißig Gefährten in das Kloster Cîteaux ein. Gleich nach dem Noviziat wird er als Abt mit zwölf Mönchen ausgesandt, um das Kloster *Clairvaux* zu gründen; von dort führt er 68 weitere Neugründungen durch. Bernhard ist von schwacher Gesundheit, aber in seiner Schaffenskraft prägt er auf vielfältige Weise die damalige Zeit. Er unternimmt zahlreiche Reisen. Bernhard ist Prediger (auch – für uns nicht mehr nachvollziehbar – Kreuzzugsprediger), Diplomat, Politiker und Mystiker. Unter seiner Führung wird Clairvaux zum Zentrum kirchenpolitischer Entscheidungen: Nicht von ungefähr heißt es nun, der eigentliche Papst sei Bernhard.

Mit Bernhard kommt ein neuer Akzent in die Frömmigkeit: Hatte bis ins 11. Jahrhundert eher die Verehrung der Gottheit Christi dominiert, erwachte jetzt zunehmend das Interesse für die historisch-menschliche Dimension der Gestalt Jesu Christi. Alles an Jesus kündet: Gott hat uns zuerst geliebt.

(1) Für Bernhard steht *Jesus* im *Zentrum:*

»Jesus ist nicht nur Licht, er ist auch Nahrung. Spürst du nicht, sooft du seiner gedenkst, wie du stark wirst? Wie dein Geist sich weitet? ... Schal bleibt alle Speise der Seele, wenn ihr nicht dieses Salz beigegeben

*wird ... Wenn du etwas schreibst, dann gefällt mir das
nur, wenn ich dabei von Jesus lese. Wenn du dispu-
tierst und argumentierst, dann habe ich nur Freude,
wenn dabei Jesus ertönt. Denn Jesus ist wie Honig im
Munde, wie eine Melodie im Ohr, wie ein Jubel im Herzen.«*

* Bernhard ist von Jesus fasziniert und durchdrungen.
Jesus ist der »Grundton« seines Lebens. Möchte ich,
daß Jesus auch mein Leben derart bestimmt? Was hindert mich, dies Jesus zu sagen?
* Jede Veränderung zum Guten (Stärkung, Weitung ...)
ist nach Bernhard darauf zurückzuführen, daß Jesus in
mir wirkt.
* Jesus ist das *»Salz«* des Lebens: Wo Jesus fehlt,
schmeckt das Leben schal. Kann ich das nachempfinden?
* Jesus im Denken, Schreiben, Sprechen: Mein Tun,
meine Arbeit, mein ganzes Leben soll »Jesus aus-
drücken«, soll Jesus zur Sprache bringen.

(2) Bernhard schaut oft auf den *leidenden Jesus:*

Die Szene vor Pilatus zeigt der Welt den »wahren Menschen«. In einer Predigt über Hoheslied 2,14 kommt
Bernhard auf das Leiden Jesu zu sprechen, indem er zwischen dem »Felsennest« und den Wundmalen Jesu eine
Verbindung herstellt. Das Leiden des Gottessohnes gewährt Einblick in das Herz Gottes:

*»Ich aber eigne mir voll Zuversicht, was mir von mir
aus fehlt, aus dem Herzen des Herrn an, weil es von Erbarmen überfließt und die Spalten nicht fehlen, durch
die es ausfließt. Sie haben seine Hände und Füße
durchbohrt, haben seine Seite mit einer Lanze durch-
stochen ... Der durchbohrende Nagel ist mir zum öff-
nenden Schlüssel geworden, die Absichten des Herrn*

zu durchschauen. Warum sollte ich nicht durch diese Öffnung schauen? Laut ruft es der Nagel, laut ruft es die Wunde, daß tatsächlich Gott sich in Christus die Welt versöhnt hat. ›Kaltes Eisen durchbohrte seine Seele‹ und ›brachte sein Herz dem unseren näher‹, so daß es nicht mehr ohne Mitgefühl sein kann mit meinen Schwächen. Die Schleier seines Herzens sind durch die Wunden seines Leibes gelüftet. Offen liegt das große Geheimnis seiner Liebe. Offenbar ist das tiefinnerste Erbarmen unseres Gottes. Trat durch die Wunden nicht sein Innerstes zutage?«

* Ich mache mir bewußt: Das Leiden Jesu hat offenbarende Kraft. In der Passion seines Sohnes gibt Gott zu erkennen, was ihn eigentlich bewegt. Das Leiden des Gottessohnes gewährt »Einblick« in das Innerste Gottes, in das Wesen Gottes und zeigt, wie Gott ist: Der »*durchbohrende Nagel*« wirkt wie ein »*öffnender Schlüssel*«. Es wird ansichtig, was Gott für die Welt und für mich will.

* »*Gott hat sich in Christus die Welt versöhnt*«: Die letzte Absicht Gottes heißt Versöhnung. Der Ur-Grund ist Liebe: Das wurde durch die Wunden des Gottessohnes deutlich.

* Ich wähle eine Szene aus der Leidensgeschichte eines Evangelisten aus und versuche, der Tiefe der Leidenserfahrung im gekreuzigten Christus nachzuspüren.

* Bibelstelle: 1 Kor 2,2

»Das Maß der Gottesliebe ist die Maßlosigkeit«

Bernhard von Clairvaux

Bernhards Werk umfaßt 2700 Schriften (Predigten, Briefe, Traktate). Hier eine kleine Kostprobe aus seinem Schrifttum:

»Niemand kann ohne Kenntnis seiner selbst gerettet werden. Aus der Selbsterkenntnis entsteht die Demut und die Ehrfurcht vor Gott. Lerne daher dich selbst kennen, damit du Ehrfurcht vor Gott bekommst. Dann wirst du ihn auch lieben lernen.«

»Auf dem Weg des (geistlichen) Lebens nicht voranschreiten heißt zurückgehen.«

»Niemand gelangt mit einem Mal zur Höhe. Im Aufstieg, nicht im Flug wird die Leiter erklommen.«

»Du kannst nicht aufsteigen, bevor du nicht mit Jesus abgestiegen bist.«

»Auch wenn meine Schlechtigkeit groß ist, deine Liebe, Herr, ist immer noch größer.«

»Es ist frevelhaft, von Gott zu denken, er könne seine Barmherzigkeit dir gegenüber zurückhalten und sein Ohr von deinem Schreien und Schluchzen abwenden.«

»Wer dem Lamm folgen will, dessen Inneres muß gedehnt und geweitet werden.«

»Nichts anderes erwartet Gott, nichts anderes sucht er, als daß er mit Eifer und Sehnsucht gesucht wird.«

»Es gibt kein sichereres Anzeichen für die Gegenwart des Heiligen Geistes, als wenn einer Sehnsucht nach mehr Gnade hat.«

»Gott allein ist der, der nie umsonst gesucht werden kann, wie er auch nicht nicht-gefunden werden kann.«

»Das Maß der Gottesliebe ist die Maßlosigkeit.«

»Wenn du das Wort Gottes bewahrst, wirst du ohne Zweifel auch von ihm bewahrt.«

»Was also bringen wir ihm entgegen, was geben wir jenem zurück für all das, was er uns wiedergeschenkt hat? ... Laßt uns tun, was wir können, und das Beste, was wir haben, Ihm geben – nämlich uns selbst.«

»Großer Glaube, großer Lohn. So weit du den Fuß des Vertrauens in die guten Gaben des Herrn hineinstellst, so weit gehören sie dir.«

* Nach der Phase der Sammlung und dem Vorbereitungsgebet lese ich die Texte.
* Ich wähle drei Sätze aus, die mich ansprechen, verbleibe bei ihnen, »koste« sie.
* Was sagen sie mir für die Gestaltung meines Lebens?
* Was tröstet mich? Was fordert mich heraus?
* Ich beende die Einheit dieses Tages mit dem »Zwiegespräch mit Christus, unserem Herrn« (Ignatius von Loyola).

»Ein Lied, das nur die Liebe lehrt«

Zisterzienser im 12. Jahrhundert

Hinführung

Bernhard konnte Menschen begeistern und zog sie geradezu »magnetisch« an. In der Folge gründeten die Zisterzienser überall in Europa Klöster, und zwar gerade dort, wo die Lebensbedingungen besonders hart waren. Trotz dieses selbstgewählten Lebens in der »Wüste« (mit schwerer Handarbeit, vielen Stunden gemeinsamen Gebetes, wenig Schlaf, oftmaligem Fasten ...) lebte in den Mönchen der Sinn für das Poetische und Spielerische. »Liebe« war das Thema des Jahrhunderts: Von ihr sangen sowohl die zeitgenössischen Troubadoure als auch die Mönche. Man buchstabierte anhand der Bibel die eigene »Liebesgeschichte mit Gott« durch. Das alttestamentliche »Hohelied der Liebe« bot das Muster für das Verstehen des eigenen Lebens: Die »Braut« (= der Mensch) sucht in sehnsüchtiger Liebe den »Bräutigam« (= Gott, Christus). Die folgenden Texte – allesamt von Zisterziensern im 12. Jahrhundert gebetet und verfaßt – sind ein Zeugnis für dieses zarte Liebesempfinden.

(1) *Gilbert von Hoyland* († 1172) schreibt in einer Predigt zum alttestamentlichen »Hohenlied der Liebe«:

»Unfaßbar weit überragt Gott in seiner Größe alle Geschöpfe ... Ein großer Abgrund liegt zwischen unserer und seiner Natur. Wie kann man dennoch sinnvollerweise davon sprechen, das Nichtige und das, was Bestand hat, seien Nachbarn? ... Hat vielleicht die Liebe Flügel? Überfliegt sie vielleicht mit dem raschen Flug ihrer glühenden Sehnsucht diesen Abgrund der Leere zwischen Gott und uns? – Ja, ich glaube, so ist es. Denn lieben heißt bereits umarmen; ja, es heißt ähnlich und vereint werden. Und erst recht, wenn Gott die Liebe ist.«

* Gilbert spricht von einem riesigen Abstand: Gott ist Gott, ich bin ein Mensch, und dazwischen ein »Abgrund«. Wie wirkt diese Vorstellung auf mich?
* Was überwiegt in meiner Gottesbeziehung – (das Bewußtsein, die Empfindung von) Nähe oder Ferne zu Gott? Wechselt es oder gibt es eine Konstante?
* Gilbert ist überzeugt: Es gibt eine Kraft, die »hinüber« und »herüber«, »hinauf« und »herunter« reicht: die Sehnsucht; eine »Macht«, die den Abgrund überbrückt: die Liebe.
* Die Liebe »hat Flügel« – Gott ist die Liebe ...
* »Nachbar«: Diese Liebe hat den Abgrund überwunden. Gott ist »abgestiegen« und in Jesus mein Bruder und Nachbar geworden. Nun bin ich ein »Hausgenosse Gottes« (Eph 2,19).
* Bibelstellen: Lk 1,78; 16,26; Eph 2,18–19.

(2) *Isaak von Stella* (um 1100 – ca. 1180) war philosophisch, theologisch und in klassischer Literatur hervorragend gebildet und ein selbständiger Denker von ausgeprägter Eigenart. Er predigt als Abt seinen Mönchen:

»Mögen mich auch tausend Arten von Anfechtungen und Verwirrungen anschreien, ich solle ruhig sein, so werde ich dennoch schreien (vgl. Lk 18,39). Ich werde als Schreiender mit meinem Schreien das Geschrei der Schreier überschreien, bis ich Jesus erreiche, der am Weg vorbeikommt, und ihn zum Stehenbleiben bewege.«

* Ich beobachte mein Inneres: Das Gewirr der Stimmen, das Spiel der »Mächte« in meinem Inneren, das Nebeneinander von Gründen und Scheingründen, das Abwägen der Argumente und Gegenargumente – endlos ...
* Viele sagen: ›Mit der Suche nach Gott verschwendest du dein Leben, deine Zeit, deine Energie. Sei ruhig und funktioniere! Sehnsucht, Liebe und Hingabe sind eine Illusion.‹

* Dagegen ermutigt Isaak von Stella, der Stimme meiner tiefsten Sehnsucht Glauben zu schenken und ihr zum Ausdruck, zu einer Lebensgestalt zu verhelfen.
* Ich möchte diese meine Erwartung Jesus immer wieder »hinschreien« – so lange, bis er mich hört und stehenbleibt (vgl. Lk 18,35–43).
* Man kann von Jesus nie zuviel erwarten ...

(3) *Wilhelm von St.-Thierry* (um 1070–1148), ein Freund Bernhards von Clairvaux, verfaßte dieses »*Meditative Gebet*«:

»*Herr, mir kommen zuweilen bis tief ins Innerste Zweifel, ob ich Dich wirklich liebe ... Wenn Du mich daher heute wie seinerzeit den Petrus fragen würdest: ›Liebst du mich?‹, so würde ich nicht die Antwort wagen: ›Du weißt, daß ich Dich liebe‹ (Joh 21,17). Aber frohen und sicheren Gewissens könnte ich sagen: ›Du weißt, daß ich Dich lieben möchte.‹*«

* Woher weiß ich, daß ich liebe? An welchen Zeichen kann ich es ablesen?
* Sind nicht alle Zeichen von Liebe mehr-deutig? Selbst in der »reinsten Liebe« spielen eigennützige Motive mit. Ich versuche zu erspüren, wo das bei mir der Fall sein könnte (soweit es mir zugänglich ist).
* Kann ich »*frohen und sicheren Gewissens*« zu Jesus sagen: »Du weißt, daß ich Dich lieben möchte«?
* »*Du weißt, daß ich Dich lieben möchte*«: Für den menschlich-geistlichen Grundvollzug der Liebe wie für den des Betens ist die Sehnsucht (»Ich möchte ...«) der Weg. »*Herr, Du weißt, daß ich Dich lieben möchte*« – »Herr, Du weißt, daß ich beten möchte.«

(4) Ich beende die Betrachtungseinheit dieses Tages mit einem Gebet von Wilhelm von St.-Thierry:

»Wo bist Du, Herr, wo bist Du?
Und wo, Herr, bist Du nicht?
Ich weiß gewiß, weiß es mit sicherer Gewißheit,
daß Du hier bei mir bist,
denn ›in Dir bewegen wir uns und sind wir‹
(Apg 17,28).
Aber wenn Du doch bei mir bist:
Warum bin dann nicht auch ich bei Dir?
Was steht dem im Weg?
Was hindert mich daran?
Was schiebt sich zwischen uns?«

»Als meine Herrin habe ich die Armut erwählt«

Franziskus von Assisi (1182 – 1226)

Hinführung

Warum findet Franziskus von Assisi heute – immer noch – solchen Anklang? Ist es, weil unsere postmoderne Industriegesellschaft und die Kirche in ähnliche Probleme verstrickt sind wie die Welt damals und weil die Antwort des Franziskus – Nachfolge Jesu in Armut und Gewaltlosigkeit, auf den Spuren des Schöpfergottes – heute neue Gültigkeit beansprucht? Über Franziskus wurde gesagt, daß sich durch sein Wirken »*das Aussehen des Landes veränderte, daß es die alte Häßlichkeit ablegte und ein fröhlicheres Gesicht zeigte.*« Er wurde der »*zweite Christus*« genannt, wohl deshalb, weil alles an ihm an den »ersten Christus« erinnerte.

Franziskus wurde 1182 in Assisi geboren. Als Sohn eines reichen Tuchhändlers strebte er dennoch über ein gesichertes Leben im Wohlstand hinaus. Er erlebte seine Bekehrung in der Begegnung mit Aussätzigen (vgl. den ersten Text). Karitative Tätigkeit, Bemühung um Wiederherstellung verfallener Kirchen, Bruch mit dem Vater, mehrjähriges Einsiedlerleben waren die nächsten Stationen seines Weges, bis ihm die Stelle von der Aussendung der Jünger (Mt 10) den Weg zu einer neuen Lebensform in Armut und apostolischer Wanderpredigt wies: Die franziskanische Bewegung war geboren. Sie verbreitete sich rasch. Die letzten Lebensjahre des Franziskus waren gezeichnet von wachsenden Spannungen in der Gemeinschaft sowie von seinem immer schlechter werdenden Gesundheitszustand. Zwei Jahre vor seinem Tod empfing er die Wundmale Christi, die er in der Öffentlichkeit ängstlich verbarg.

Das Folgende kann nur eine kleine Auswahl aus dem »Reichtum« des Franziskus bieten. Es handelt sich um Worte des Heiligen bzw. um Zeugnisse früher Gefährten und Biographen.

(1) Wandlung

Franziskus begegnet einem Aussätzigen. Dies wird für ihn – nach eigenen Angaben – zu einem Schlüsselerlebnis. Eine Umorientierung setzt ein und dauert als Prozeß ein Leben lang. Was bisher attraktiv war, stößt ihn immer mehr ab:

»Nach den Besuchen bei den Aussätzigen war er ein anderer Mensch geworden. Einen von seinen Gefährten, der gut war und den er sehr geliebt hatte, nahm er mit sich an abgelegene Orte und erzählte ihm, daß er einen großen und kostbaren Schatz gefunden habe.« – »Da ich in Sünden war, erschien es mir unerträglich bitter, Aussätzige anzublicken. Und der Herr selbst hat mich unter sie geführt, und ich habe ihnen Barmherzigkeit erwiesen. Und während ich fortging von ihnen, wurde mir gerade das, was mir bitter erschien, in Süßigkeit des Geistes und Leibes verwandelt.«

* *»Ein anderer Mensch werden«* – eine Ur-Sehnsucht. Franziskus zeigt: Ich muß nicht der (die) bleiben, der (die) ich bin. Jesus-Nachfolge bringt Wandlung und Umorientierung mit sich.

* Franziskus mußte viele Wandlungen an sich geschehen lassen. Seine Vorstellungen von »Freude«, »Genuß«, »Reichtum« änderten sich; Pläne, die er hatte (was die Mission oder den neuen Orden betrifft), mußte er sich nehmen lassen.

* *»Ein anderer Mensch werden«* heißt, sich der verwandelnden Kraft Gottes zur Verfügung stellen. Wo bzw. in welchen Lebensbereichen durfte ich bei mir schon Wandlung feststellen?

* *Wandlung* und Eucharistie: Wichtiger als die während bzw. nach der Feier empfundene Nähe zum Herrn ist, die gefeierte »Proexistenz« Jesu (= *»Das ist mein Leib, das ist mein Blut = das bin ich für euch, für dich«*) ins eigene Leben zu übernehmen und wirksam werden zu lassen. Das verändert und wandelt in kleinen Stücken meine Umgebung – und mich.

(2) Armut

Franziskus verbindet Nachfolge Jesu Christi so stark mit Armut, daß sie für ihn austauschbare Begriffe werden. Armut führt in die Nähe Jesu:

»Ich, der ganz geringe Bruder Franziskus, will dem Leben und der Armut unseres höchsten Herrn Jesus Christus und Seiner heiligsten Mutter nachfolgen und in ihr bis zum Ende verharren.« – »Als all meinen Reichtum, als meine Herrin habe ich die Armut erwählt.« – Er wollte in allem Christus dem Gekreuzigten gleichförmig sein, der arm, leidend und entblößt am Kreuz gehangen hatte. – »Wer einen Armen schmäht, beleidigt Christus, dessen edles Abzeichen jener trägt; denn er hat sich um unsertwillen arm gemacht in dieser Welt!« – »Alle Brüder sollen bestrebt sein, unserm Herrn Jesus Christus in seiner Demut und Armut nachzufolgen ... Und sie müssen sich freuen, wenn sie mit gewöhnlichen und verachteten Leuten verkehren, mit Armen und Schwachen, Kranken und Aussätzigen und Bettlern am Wege.«

* Franziskus ahnt in der Armut das unverstellte Leben: die Einfachheit, das Elementare, das Reine. So findet er später ein liebevolles Verhältnis zu dieser Armut, nennt sie seine »Braut« und »Herrin«. Wie ist mein Verhältnis zur Armut? Wo ist sie mir schon begegnet?
* Was muß in mir noch alles gewandelt werden, damit ich denen, die auf der Schattenseite des Lebens stehen, mit Freude begegnen kann?
* Gegen die Gefahr der Sozialromantik hilft nur Praxis ...

(3) Schöpfung

Franziskus hat Freude an der Welt. Sie ist für ihn die gute Schöpfung Gottes:

Er hatte seine Freude an den Dingen, die in der Welt sind, und nicht einmal wenig. In jedem Kunstwerk lobte er den Künstler; was er in der geschaffenen Welt fand, führte er zurück auf den Schöpfer. Er frohlockte in allen Werken der Hände des Herrn, und durch das, was sich seinem Auge an Lieblichem bot, schaute er hindurch auf den lebenspendenden Urgrund der Dinge. – Er erkannte im Schönen den Schönsten selbst; alles Gute rief ihm zu: »Der uns erschaffen, ist der Beste!« Auf den Spuren, die den Dingen eingeprägt sind, folgte er überall dem, den er liebte, nach und machte alles zu einer Leiter, um auf ihr zu seinem Thron zu gelangen. – Oft, wenn er seines Weges ging und »Jesus« dachte oder sang, vergaß er seinen Weg und forderte die Elemente auf zum Lobe Jesu. – »Selig jener Ordensmann, der nur an den hochheiligen Worten und Werken Gottes seine Wonne und Freude hat und dadurch die Menschen in Fröhlichkeit und Freude zur Liebe Gottes hinführt.«

* *»Freude an den Dingen in der Welt«:* Ich erstelle eine Liste jener großen und kleinen Dinge in der Welt, die mir einfach Freude bereiten. Bin ich bereit, Gott, dem Schöpfer, dafür zu danken?

* An welches Bild, welche Situation, an welches Erlebnis kann ich mich erinnern, wo ich spontan Gott in seiner Schöpfung lobte?

* *»In jedem Kunstwerk lobte er den Künstler«:* Ein Weg Gottes geht über die Wahrnehmung des Schönen. Bin ich bereit zu dieser Durchschau hin auf den *lebenspendenden Urgrund der Dinge?*

* »Gott sah alles an, was er gemacht hatte: Es war sehr gut« (Gen 1,31). Wie wirkt diese grundsätzliche Bejahung allen Lebens auf mich? Kann ich zustimmen?

»Laß keinen fortgehen ohne dein Erbarmen«

Franziskus von Assisi

Hinführung

Die kleine Auswahl aus Worten des Franziskus zeigt, wie sehr der Heilige darauf bedacht war, die Gottesliebe an die Nächstenliebe zu binden. Franziskus hat sehr konkrete Fragen, was das neue Zusammenleben von Brüdern und Schwestern im Reich Gottes betrifft:

»Es darf keinen Bruder auf der Welt geben, mag er auch gesündigt haben, soviel er nur sündigen konnte, der deine Augen gesehen und dann von dir fortgehen müßte ohne dein Erbarmen, wenn er Erbarmen sucht; und sollte er nicht Erbarmen suchen, dann frag du ihn, ob er Erbarmen will. Und würde er danach noch tausendmal vor deinen Augen erscheinen, liebe ihn mehr als mich, damit du ihn zum Herrn ziehst.«

»Jener Knecht Gottes lebt wirklich ohne Eigentum, der sich über niemanden erzürnt oder entrüstet.«

»Der Knecht Gottes kann nicht erkennen, wie groß in ihm Geduld und Demut sind, wenn alles nach seinem Wunsche geschieht.«

»Viele gibt es, die beim Beten und in Gottesdiensten eifrig sind ..., die aber an einem einzigen Wort, das ihrem ›lieben Ich‹ Unrecht zu tun scheint ..., anstoßen und darüber sofort in Aufregung geraten. Diese sind nicht arm im Geiste.«

»Selig der Knecht ..., der nicht über seinen Bruder hinter seinem Rücken sagen würde, was er nicht in Liebe auch in seiner Gegenwart sagen könnte.«

»Der Mensch sündigt, der von seinem Nächsten mehr empfangen möchte, als er von sich aus Gott, dem Herrn, geben will.«

»Und du sollst jene (die dir Schwierigkeiten machen) lieben, die dir solches antun, und du darfst nichts anderes von ihnen wollen als das, was der Herr dir geben wird. Und darin mußt du sie gerade lieben und sollst nicht wünschen, sie möchten bessere Christen sein.«

»Was bei den Menschen als erhaben gilt, ist vor Gott ein Greuel« (Lk 16,15). Auf dieses Wort sagte Franziskus: »Was der Mensch vor Gott ist, das ist er und nicht mehr.«

»Brüder, nun wollen wir anfangen, Gott dem Herrn zu dienen; denn bis jetzt haben wir kaum, sogar wenig – nein, gar keinen Fortschritt gemacht.«

* Ich nehme mir einen Satz, der mich mehr anspricht, genauer vor. Was sagt er mir? Warum bleibe ich gerade an diesem Satz hängen? Auf welche Haltung Jesu nimmt er Bezug?
* Auf welchen »neuralgischen Punkt« weist mich Franziskus hin?
* Jede Zeit bastelt sich »ihr« Franziskusbild. Ich konfrontiere diese Franziskus-Texte mit einem der gängigen, modernen oder weniger modernen Klischees von Franziskus. Was ist das Ergebnis? Muß ich mein Franziskusbild korrigieren?
* Ich beende die Einheit dieses Tages mit dem »Zwiegespräch mit Christus, unserem Herrn«.

Zur dritten Woche

Zwei Wochen der Exerzitien sind vorüber. Wie ist es Ihnen »an den Quellen des Lebens« bisher ergangen?
Konnten Sie sich anfreunden mit den Zeugnissen christlicher Frömmigkeit, deren Ursprung weit zurückliegt?
War die Sprachbarriere, die der zeitliche Abstand mit sich bringt, zu übersteigen? Oder wurde eine sprachliche Hemmschwelle gar nicht empfunden?
Haben Sie schon nach einer Möglichkeit geistlicher Begleitung gesucht?
Haben Sie schon daran gedacht, jemandem von der Teilnahme an den Exerzitien zu erzählen und ihn (sie) um das begleitende Gebet zu bitten?
Falls es aus irgendwelchen Gründen zu Unterbrechungen kam, so sei darauf hingewiesen, daß ein Wiedereinstieg in die Wocheneinheiten – trotz des chronologischen Aufbaus – jederzeit wieder möglich ist.
Die Glaubenswelt des Mittelalters beschäftigt uns noch eine weitere Woche. Die Klöster bestimmen nicht mehr alleine das religiöse Leben; sie geben ihr Bildungsmonopol ab, die Universität entsteht. Gesellschaft und Wirtschaft wandeln sich: Das Bürgertum, neuer Reichtum, breites Interesse an Bildung, neue Armut, soziale Spannungen sind typische Phänomene der Zeit, die sich auch in die Glaubenswelt und in die Frömmigkeit hinein auswirken. Armutsbewegungen in ganz Europa sprechen in ihrer Radikalität und Einfachheit breite Bevölkerungsschichten an. Erstmals finden Laien und Frauen eine Möglichkeit intensiver Jesus-Nachfolge außerhalb des Klosters.

* *Klara von Assisi* steht unverdienterweise im Schatten ihres Bruders Franz.

* Um *Elisabeth von Thüringen* hat die Überlieferung einen lieblichen Kranz von Legenden gelegt. Können wir zu ihrer eigentlichen Gestalt durchdringen?

* *Mechthild von Magdeburg* schreibt ein einzigartiges Werk mittelalterlicher Frauenmystik und kann heute noch viele mit ihrer Gottesbegeisterung anstecken.

* Die Dominikaner *Johannes Tauler* und *Heinrich Seuse* sind prominente Vertreter der »Deutschen Mystik«.

* *Katharina von Siena* sagt von sich: »*Ich bin Blut und Feuer!*« Leidenschaftliche Gottes- und Christusliebe spricht aus ihren Gebeten.

»Die neue Frau«

Klara von Assisi (um 1193 – 1253)

Hinführung

Klara wird im Dokument ihrer Heiligsprechung »*neue Frau*« genannt; für ihren Biographen ist sie »*ein Nachbild der Mutter Gottes und neue Führerin der Frauen*«. Mit 17 Jahren flüchtet sie, eine gebildete Adelstochter, aus dem Elternhaus. Sie läßt sich in San Damiano nieder, gründet eine Frauengemeinschaft, will die strenge franziskanische Armut beachten. Klara wird schließlich die erste Verfasserin einer Ordensregel für Frauen.

Klara war immer getragen vom Bewußtsein der Liebe Gottes. Auf dem Sterbebett, so überliefert ihr Biograph, konnte Klara zu sich sagen: »*Geh hin in Sicherheit, denn du hast ein gutes Reisegeleite. Geh hin*«, sagte sie, »*denn der dich erschaffen hat, hat dich geheiligt. Er hat dich stets behütet wie eine Mutter ihr Kind und dich mit zärtlicher Liebe geliebt.*«

Franziskus und Klara gehören zusammen. Die franziskanische Bewegung verstand sich immer als *ein* Orden, der aus »*Minderen Brüdern und Schwestern*« besteht; getrennt lebend, aber geistlich-geistig eins.

(1) »Der Sohn Gottes ist uns Weg geworden«

Seit Beginn ihres Weges in der Nachfolge Jesu lebt Klara bis zu ihrem Tod an einem einzigen Ort: in dem kleinen Kloster San Damiano bei Assisi. Sie ist gebunden an diesen Ort – und dennoch zeitlebens voller Bewegung, wie ein Satz ihres geistlichen Testaments erkennen läßt:

»*Der Sohn Gottes ist uns Weg geworden.*«

* Das Bild vom »Weg« ist der Bibel wesentlich. Welche Stellen oder welche Personen der Heilsgeschichte fallen mir zu »Weg« ein?

* Wer dem Sohn Gottes nachfolgt, muß beweglich, in Bewegung bleiben.
* Ich mache mir bewußt: Wie Abraham, wie Franziskus, wie Klara bin ich von Jesus zu neuen, mir noch nicht bekannten Ufern gerufen.
* Bibelstellen: Ps 25,4; Joh 14,1–6.

(2) Armut

Wie für Franziskus sind auch für Klara Armut und Nachfolge Jesu identisch.

Als ihr Papst Gregor IX. aus persönlicher Zuneigung heraus Güter zur Absicherung ihrer Lebensexistenz schenken wollte, reagierte sie: *»Auf gar keine Weise will ich in Ewigkeit von der Nachfolge Christi befreit werden«.* – In einer Lebensbeschreibung heißt es: *Schließlich schloß sie einen solch innigen Bund mit der heiligen Armut und liebte sie so sehr, daß sie nichts haben wollte außer den Herrn Jesus Christus und auch ihren Töchtern nichts zu besitzen erlaubte. – Klara war es ernst, mit dem armen Gekreuzigten in vollkommenster Armut gleichförmig zu werden.*

* Liebe möchte sich angleichen: Wer wie Klara die Armut sucht, möchte in ihr Jesus nahe kommen, Jesus »gleichförmig« werden. Welche (Formen von) Armut erlebte Jesus? Welche Ausdrucksformen sind mir möglich? Welche Zeichen kann ich setzen?

(3) Kontemplation

Auf dem Weg muß es auch eine Art des ruhenden Verweilens geben und eine Zeit, in der der Glaubende auf das Ziel – auf Christus – schaut (= »Kontemplation«). Kontemplation lebt vom Vertrauen, daß dabei der Mensch in das, worauf er schaut, umgewandelt wird: in Christus. Klara rät in einem Brief:

»In diesen Spiegel (= Christus) schaue täglich und betrachte dauernd in ihm dein Antlitz.«

* In Christus sich selbst betrachten: Mein Antlitz, d.h. mein eigentliches Ich, kann ich nicht in jedem Spiegel erkennen. Ich muß lernen, im Gebet mich selbst mit Jesus Christus zu konfrontieren. Dabei werde ich nach und nach mein wahres Selbst erkennen. M.a.W.: Der Spiegel der Erkenntnis Gottes und der Erkenntnis meiner Selbst ist das Du – das Du des göttlichen Gegenübers, das Du des Nächsten.
* Bibelstellen: Ps 84,6–8; 123,2.

»... harrte sie aus, damit sie heimlich den Inhalt des göttlichen Flüsterns erlausche« (aus einer Lebensbeschreibung).

* Was im Gebet zu erfahren ist, ist nichts Spektakuläres, sondern etwas sehr Stilles, Kostbares, Verschwiegenes; es ist *»Inhalt göttlichen Flüsterns«*. Bin ich bereit zu diesem geduldigen Lauschen?

»Sie lehrte die Schwestern vor allem, jeglichen Lärm aus der Wohnung des Herzens zu vertreiben, damit sie den Geheimnissen Gottes allein anzuhangen vermöchten« (aus einer Lebensbeschreibung).

* Mein Lebensstil wirkt auf mein Gebet. Was fördert, was dämpft, was beruhigt den *»Lärm in der Wohnung des Herzens«*? Welche Erfahrungen habe ich damit gemacht? Welche Zusammenhänge kann ich beobachten zwischen meinem Lebensstil und meinem Gebet?
* Wer mitten in dieser Welt geistlich zu leben versucht, muß seine Zelle immer mit sich tragen – in der *Wohnung* seines *Herzens.*
* Bibelstelle: Ps 36,10

»Froh und gerne geben«

Elisabeth von Thüringen (1207 – 1231)

Hinführung

Die Königstochter, der die ganze Welt offen steht, steigt von ihrem Thron herab, um den Ärmsten zu dienen ... Das ist nicht nur eines der Urbilder, wie sie die Märchen haben, das hat es im Mittelalter wirklich gegeben. Aber niemand hat wohl dieses Kontrastprogramm so konsequent verfolgt wie Elisabeth von Thüringen.

Elisabeth kam 4jährig als Braut des späteren Landgrafen Ludwig IV. von Thüringen nach Eisenach auf die Wartburg. Nach Ludwigs Tod 1227 mußte Elisabeth mit ihren drei Kindern die Wartburg verlassen. Später lebte sie als Laienschwester und diente in völliger Armut und Askese Schwerstkranken. Schon zu Lebzeiten als Heilige verehrt, wurde sie durch eine Reihe von volkstümlichen Überlieferungen zu einer der bekanntesten Heiligen im deutschen Sprachraum.

Von Elisabeth sind nur ganz wenige Sätze überliefert. Schriftliche Zeugnisse aus ihrer Hand fehlen völlig. Es ist, als ob Elisabeth die Armut auch in dieser Hinsicht konsequent verfolgt hätte.

»Seht, ich habe es immer gesagt, man muß die Menschen froh machen!«

»Wir müssen das, was wir haben, froh und gerne geben.«

»Ich bin nicht zornig auf jene, die mich verleugnen und verachten, denn Gott ist meine ganze Liebe.«

»Der Herr ist da! Betrübt ihn nicht« (wenn in ihrer Gegenwart lieblose und unbedachte Worte fielen).

»Wie kann ich eine goldene Krone tragen, wenn der Herr eine Dornenkrone trägt?«

* »Die Menschen froh machen«: Wo und wie kann ich das?

* »Gott liebt einen fröhlichen Geber«: Das Leben der hl. Elisabeth liest sich wie eine lebendige Exegese von 2 Kor 9,6–9. Ich lese den Text und stelle Querverbindungen her.

* »Evangelium« bedeutet »frohe Botschaft«: Wo und wann vergesse ich das allzu leicht?

* Elisabeth strebte mit allen Fasern ihres Wesens nach »Gleichförmigkeit« mit dem Leben, dem Leiden, der Armut des Herrn. In welchem Bereich meines Lebens kann ich die Lebensgestalt des Herrn ein Stück zu der meinen machen? Wo ahne oder weiß ich mich gerufen, zu einer Angleichung mit dem Herrn zu streben?

* Elisabeth hatte Franziskaner als geistliche Berater. Wo sehe ich Parallelen zur Nachfolge des Franziskus?

* Bibelstellen: Mt 5,38–42; 25,31–46; 2 Kor 9,6–9; Tit 3,1–8.

»Das fließende Licht der Gottheit«

Mechthild von Magdeburg (um 1208 – 1282)

Hinführung

Mechthild wird, adeliger Abstammung, um 1208 im Erzbis-
tum Magdeburg geboren. Zwanzigjährig zieht sie nach Magdeburg, wo sie 30 Jahre lang als Begine (begleitet von Domi-
nikanern) lebt. Um 1250 erhält Mechthild den Auftrag ihres
Beichtvaters zur Schilderung ihrer seelischen Erfahrungen mit
Gott (*»Ich dachte auch nie, daß so etwas einem Menschen
widerfahren könnte«*). Diese in Versen abgefaßten Texte
(*»Das fließende Licht der Gottheit«*) orientieren sich stark
am alttestamentlichen »Hohenlied der Liebe«. Mit ihnen beginnt die große Tradition der deutschen Mystik. Ihr letzter Lebensabschnitt führt Mechthild in das Kloster Helfta, wo sie
ihren Lebensabend in Gemeinschaft von Gertrud von Hackeborn, Mechthild von Hackeborn und Gertrud der Großen ver-
bringt.

(1) »O Du gießender Gott«

Für Mechthild ist die Welt eine Ordnung, die zutiefst
von der Liebe (*»Minne«*) bewegt wird. Die Liebe Gottes
»ergießt« sich in die »Seelen«, weil Gott Sehnsucht
nach dem Menschen hat (*»Gott hat an allen Dingen
genug: Nur allein die Berührung der Seele wird ihm nie
genug«*):

»O Du gießender Gott in Deiner Gabe!
O Du fließender Gott in Deiner Minne!
O Du brennender Gott in Deiner Sehnsucht!
O Du verschmelzender Gott in der Einung mit
Deinem Lieb!
O Du ruhender Gott an meinen Brüsten!
Ohne Dich kann ich nicht mehr sein.«

* Ich liste die Zeitworte dieses Textes auf: Aus welcher Sprachwelt stammen sie? Welche Dynamik spricht sich in ihnen aus? Welche Atmosphäre vermitteln sie?

* Mechthild sagt, daß Gott vor Sehnsucht nach dem Menschen brennt. Ich versuche dem nachzufühlen: Gott *brennt* vor Sehnsucht nach mir ...

* Das *fließende Licht* ist ein Bild für das Wesen Gottes: Gott will sein Leben und seine Fülle nicht für sich behalten, sondern mit-teilen. Wo ist mir solches schon gelungen, daß ich umsonst Erhaltenes (Geschenktes, Gaben, Talente) mitgeteilt habe?

(2) »Aufsteigen – sich neigen«

Nach der Überzeugung Mechthilds muß Liebe überfließen, denn das gehört zum Wesen der Liebe. Der Mensch muß aus der von Gott erhaltenen Fülle selber zu »fließen« beginnen: zu Gott zurück, auf dem Weg über die Sünder und die Bedürftigen. Die aufsteigende Liebe wendet sich um und wird (mit Gott zusammen) zu einer sich neigenden und alle Geschöpfe umfangenden Liebe: Darin geschieht eine Nachahmung des »fließenden Gottes«.

»Gott spricht:
Wenn ich je außerordentliche Gnaden gab,
suchte ich immer den niedrigsten Ort,
die geringste, verborgenste Stätte.
Die höchsten Berge können sich nicht beladen
mit der Offenbarung meiner Gnaden,
denn die Flut meines Heiligen Geistes
fließt von Natur aus zu Tal.«

»Die aufsteigende Sehnsucht
und die sich neigende Demut
und die fließende Minne,
diese drei bringen die Seele vor Gott.«

* Mechthild spricht oft vom »Fließen«. »Fließen« ist ein Bewegungswort. D.h.: Liebe ist kein starrer Zustand. Wenn ich meine, mich schon lange Zeit um ein Leben in der Liebe bemüht zu haben – kann ich noch etwas von diesem »Fließen« nachempfinden?
* Liebe muß beweglich bleiben – in welchem Sinne würde Mechthild dem zustimmen?
* Die Dynamik der Liebe weist nicht überall hin, sondern hat eine eindeutige Zielrichtung. Gott sucht sich den niedrigsten Ort für seine (außerordentlichen) Gnaden. Wo ist dieser »niedrigste Ort, die geringste, verborgenste Stätte« in meinem Leben, in meiner Lebenswelt, in meiner Umgebung?
* »Die Flut« des Heiligen Geistes ist im »Tal« zu finden: Was heißt das für mich? Von welchem Podest muß ich herunter?

(3) Wie Gott wirkt

»Ich komme zu meinem Lieb
wie der Tau auf die Blume.«

* Das Kommen und Wirken Gottes ist unmerklich, leise, lautlos. Wie steht es um meine »geistlichen Sinne«, um jene innere Fähigkeit zu vernehmen, zu verspüren, zu hören, zu verkosten, wodurch Gott in seinem diskreten Wirken wahrgenommen wird? Was tue ich, um die Aufmerksamkeit für die »Tautropfen Gottes« in meinem Leben zu schulen?
* Tau legt sich auf jede Pflanze, die im Freien wächst. Die Liebe Gottes will bei jedem Menschen ankommen.
* Tau entsteht in der Nacht und besonders zum Morgen hin; sichtbar wird er im Licht der Sonne. Das Dasein Gottes und sein Wirken ist oft erst im Nachhinein erkennbar. Kann ich darauf vertrauen, daß Gott wirkt, auch wenn ich nichts davon spüre?
* Bibelstellen: 1 Kön 19,5–13; Jes 55,10–11; Mk 4,26–29; 2 Kor 4,6.

»Trage deinen Mist auf den Acker Gottes«

Johannes Tauler (um 1300 – 1361)

Hinführung

Johannes Tauler wurde um 1300 in Straßburg geboren. Er trat jung in den Dominikanerorden ein, studierte u.a. in Köln (wahrscheinlich mit Heinrich Seuse). Seine Hauptaufgaben bestanden in der Predigt in der Stadt Straßburg sowie in der Seelsorge in ordenseigenen Frauenklöstern.
Die Zeit Taulers ist geprägt von gesellschaftlichen und religiösen Auflösungserscheinungen. Im Hintergrund seiner Predigten steht die Frage: Wohin kann sich der Mensch retten, wenn überkommene Strukturen nicht mehr tragen?

»Das Pferd macht Mist in dem Stall, und obgleich der Mist Unsauberkeit und üblen Geruch an sich hat, so zieht doch dasselbe Pferd denselben Mist mit großer Mühe auf das Feld; und daraus wachsen der edle schöne Weizen und der edle süße Wein, die niemals so wüchsen, wäre der Mist nicht da.– Nun, dein Mist, das sind deine eigenen Mängel, die du nicht beseitigen, nicht überwinden noch ablegen kannst, die trage mit Mühe und Fleiß auf den Acker des liebreichen Willens Gottes in rechter Gelassenheit deiner selbst. Streue deinen Mist auf dieses edle Feld, daraus sprießt ohne allen Zweifel in demütiger Gelassenheit edle, wonnigliche Frucht auf.«

* »Dein Mist«, »deine Mängel«: meine Schattenseiten – was ich an mir nicht mag ...
* Der Glaube an das Evangelium (vor allem: der Osterglaube) besagt: Gott kann aus allem, selbst aus dem Negativen, dem Sündigen, dem Abgründigen etwas Neues,

Lebendiges, Lichtvolles, Gutes machen. Alles – sogar das Böse – kann noch einmal dem neuen Leben dienen. Ich versuche, diese Wahrheit des Evangeliums anzuschauen, und frage mich: Kann ich darauf vertrauen?

* *»Mit großer Mühe«:* Die Verwandlung der eigenen Mängel in etwas Positives, Fruchtbringendes braucht sorgfältige Arbeit und Anstrengung. Keine Frucht ohne Mühe.

* Was möchte ich in der nächsten Zeit *»auf den Acker des liebreichen Willens Gottes tragen«,* um es Gott darzubringen und daraus Neues entstehen zu lassen? Ich fasse eine bestimmte Schwäche, einen Mangel, eine ungute Verhaltensweise ins Auge und gebe mir in der Auswertung des Tages darüber Rechenschaft.

* Bibelstellen: Lk 7,36–50; Röm 2,4.

»Lerne leiden christförmiglich«

Heinrich Seuse (um 1295 – 1366)

Hinführung

Heinrich Seuse trat zwölfjährig ins Dominikanerkloster in Konstanz ein. Das strenge asketische Leben, das er in seiner Jugend- und Ausbildungszeit im Orden pflegte, beurteilte er im Rückblick durchaus kritisch. Seuse wurde 1334 Vorsteher des Konstanzer Konvents. In dieser Zeit widmete er sich zudem der Seelsorge, insbesondere in Klöstern der Dominikanerinnen.

Sein »Büchlein der ewigen Weisheit« wurde im Spätmittelalter das meistverbreitete Erbauungsbuch in Deutschland. Seuses Schriften sind ein Zeugnis spätmittelalterlicher Passionsmystik, die geistliches Leben als Vergegenwärtigung und Nachvollzug des Leidens Jesu verstehen will.

(1) Lerne leiden christförmiglich

Seuses Sätze über das Leiden sind aus dem Zusammenhang gerissen und insofern leicht mißdeutbar. Sie wollen eine Beziehung herstellen zwischen dem je persönlichen Leid des Menschen und dem Leiden Christi. Sie verstehen sich als Versuch, eine christliche Sinngebung von Leid zu initiieren und die Sprachlosigkeit angesichts von Leid zu überwinden:

»Empfange Leiden williglich. Trage Leiden geduldiglich. Lerne leiden christförmiglich.«

Christus spricht: »Leiden macht mir einen Menschen liebenswert, denn der Leidende ähnelt mir.«

»Falls Gott fürwahr die Leidenden und die Nicht-Leidenden nach diesem Leben in gleicher Weise belohnen wollte, so sollten wir doch allein um der Gleichheit

*(mit Christus) willen die Leiden, die uns zuteil gewor-
den, auf uns nehmen, denn Liebe gleicht sich an und
macht sich geneigt der Liebe, wo sie kann oder vermag.«*

*»Gott will uns nicht der Freude berauben, er will in uns
Verlangen nach seiner Fülle erwecken.«*

»Besiegt werden bedeutet für Gottesfreunde Gewinn.«

* Welche Erfahrungen von Leid kenne ich (bei mir, in
meiner Familie, in meinem Freundes- und Bekannten-
kreis)? Was möchte ich nicht noch einmal durchma-
chen?
* Man sagt: Im Leiden reift der Mensch. Kann ich im
Rückblick eine solche Erfahrung bestätigen?
* Manchmal legt sich im Leid auch ein Anflug von Bit-
terkeit auf das Leben. Kenne ich diesen Beigeschmack?
* Welche Reaktionen und Strategien angesichts von
Leid kann ich bei mir ausmachen? Kampf, Flucht, Ver-
drängung, Verliebtheit in den Schmerz, Ergebenheit ...?
* Bibelstellen: Ps 38; Röm 8,18–25.

(2) Mein Judas in mir

Seuse warnt davor, die eigene Untreue nicht sehen zu
wollen und angesichts der eigenen Unerlöstheit den
Kopf in den Sand zu stecken. Jeder Mensch trägt »seinen Judas« in sich:

*»Gedenke, daß Christus nicht allein seinen lieben Jün-
ger Johannes und den getreuen Petrus in seiner reinen
Gesellschaft haben, sondern auch den bösen Judas bei
sich dulden wollte, und du willst ein Nachfolger Christi sein und deinen Judas (nur) ungern ertragen?«*

* *»Mein Judas«:* Was an mir könnte das sein? Welche
Seiten meines Wesens möchte ich nicht wahrhaben?
Mit welchen kämpfe ich? Auch als »Unreiner« darf ich

mich in Jesu »*reiner Gesellschaft*« aufgenommen wissen. Jesus ermutigt mich, den »Schatten«, das Dunkle, das noch Unerlöste, das Böse in mir auch zu sehen.

* Judas – der personifizierte Verrat. Verrat und Treue stehen gegeneinander. Treue gibt es zu Menschen hin, im Glauben, sich selbst gegenüber: Wo bin ich nicht treu geblieben?

* Judas – immer nur der/ die Andere(n)? Wen (was? welche Verhältnisse?) dränge ich in die Rolle des Judas? Wer (was?) muß für mich Sündenbock spielen?

* Jeder Mensch hat seinen »blinden Fleck«. Die eigenen »Judas-Anteile« sieht keiner gern. Wie steht es mit meiner Bereitschaft, Kritik anzunehmen und sich zum eigenen »blinden Fleck« führen zu lassen?

* »*Meinen Judas gern ertragen*«: Seuse rät, den Judas in sich nicht nur zähneknirschend zur Kenntnis zu nehmen, sondern ihn sogar bereitwillig mitzutragen. Romano Guardini spricht von der »Annahme seiner selbst«, die das Ganze der eigenen Existenz umfassen darf und muß. Ansonsten ist das Gebäude des Glaubens auf Sand gebaut.

* Bibelstelle: 2 Tim 2,11–13

»O Feuer und Abgrund der Liebe!«

Katharina von Siena (1347–1380)

Hinführung

Katharina, die jüngste Tochter eines Färbers, strebte schon als Kind nach einem religiösen Leben. Gegen den Widerstand ihrer Eltern trat sie in den Dritten Orden des hl. Dominikus ein. Bald sammelten sich um Katharina Gleichgesinnte, eine geistige Familie. Sie orientierte sich in vielem an Franz von Assisi, übte sehr strenge Askese, die sie allerdings ihrem Freundeskreis nie empfahl. Katharina arbeitete intensiv an der kirchlichen Reform und an der Wiederherstellung der politischen Stabilität im Land. Ihre Briefe an den Papst zeigen, wie »Mystik« und »Politik« zwei Seiten einer Sache sind.
Für die folgende Textauswahl ist zu bedenken: Es handelt sich um Gebete, die fassungslos-staunend vor der Wahrheit stehen: Gott ist verliebt in sein Geschöpf.

»Wieso schufst Du also, ewiger Vater, Dein Geschöpf da? ... Das Feuer hat Dich also dazu gezwungen. O unsagbare Liebe! Obwohl Du in Deinem Licht alle Untaten voraussahst, die Dein Geschöpf gegen Deine grenzenlose Güte begehen sollte, hast Du Dein Gesicht so verstellt, als sähest Du nicht. Im Gegenteil, Du hast Dein Auge auf der Schönheit deines Geschöpfes ruhen lassen und hast Dich wie verrückt und trunken von Liebe in es verliebt. Aus Liebe hast Du es aus Dir hervorgezogen ... Die Liebe hat Dich gezwungen, Dein Geschöpf zu erschaffen ... Du hast Deine Augen von der Kränkung, die kommen mußte, abgewandt und sie ausschließlich auf die Schönheit Deiner Kreatur geheftet ... Du ließest in Deiner Liebe nicht locker. Du bist ja durch und durch ein Feuer der Liebe und ganz vernarrt in Dein Geschöpf.«

»Du hast Dich ganz klein und dadurch den Menschen groß gemacht. Selber mit Schmach gesättigt, hast Du ihn in Glückseligkeit getaucht. Selber Hunger leidend, hast Du ihn im Überschwang Deiner Liebe satt gemacht. Dich des Lebens beraubend, hast Du ihn mit Deiner Gnade bekleidet ... Verdunkelt durch die Annahme des Menschseins, hast Du ihm das Licht gebracht. Ausgespannt am Kreuz, hast Du ihn umarmt. Du hast ihm zur Zuflucht vor seinen Feinden in Deiner Seite eine Höhle bereitet. In dieser Höhlung kann er Deine Liebe erkennen, weil Du darin zeigst, daß Du ihm mehr geben wolltest, als was Du mit begrenztem Wirken hättest geben können. Dort hat er das Bad gefunden, in dem das Antlitz seiner Seele vom Aussatz der Sünde rein geworden ist.«

»Du, Licht, machst das Herz einfältig und nicht zwiespältig, weit und nicht eng, so weit, daß dank des Hochgefühls der Liebe darin jede vernunftbegabte Kreatur Platz findet.«

»O ewiger Vater! O Feuer und Abgrund der Liebe! O ewige Schönheit, ewige Weisheit, ewige Güte, ewige Huld! O Hoffnung, Zuflucht der Sünder, unermeßliche Fülle, ewiges und unendliches Gut! O Liebesnarr, brauchst Du denn Dein Geschöpf? Es scheint mir so; denn Du benimmst Dich, als ob Du ohne es nicht leben könntest. Dabei bist Du doch das Leben, so daß jedes Ding von Dir das Leben hat und ohne Dich nichts lebt. Warum bloß bist Du so vernarrt? Weil Du Dich in Dein Geschöpf verliebt hast, fandest Du an ihm in Dir selbst Gefallen und Ergötzen und bist wie berauscht von der Sorge um sein Heil. Es entflieht Dir und Du machst Dich auf die Suche nach ihm, es entfernt sich von Dir und Du näherst Dich ihm. Noch näher konntest Du ihm nicht kommen, als Dich mit seinem Menschsein zu bekleiden.«

* Ich wähle eines der Gebete aus. Ich überlege: Was ist sein Hauptthema? Worum geht es? Warum spricht es mich an? Ich versuche, es Satz für Satz und Wort für Wort zu meditieren und es zum Abschluß nachzubeten.

* Bibelstellen: Jer 31,3; Hos 11,1–11; Joh 1,14.18.

Wiederholungsbetrachtung

Hinführung

»Wiederholungsbetrachtung« ist ein Begriff aus der Tradition der ignatianischen Exerzitien. Ignatius von Loyola, der Gründer des Jesuitenordens, schlägt in seinem Exerzitienbuch regelmäßig eine Wiederholung von Betrachtungen vor, wobei jene »*Teile beachtet werden, bei denen die Person eine bestimmte Erkenntnis, Tröstung oder Trostlosigkeit verspürt hat*« (z.B. Exerzitienbuch Nr. 118).

Im Rückblick auf die letzte Woche (oder auf die letzten drei Wochen) beschäftige ich mich nochmals mit jener Persönlichkeit, die mich am meisten fasziniert hat. Wer hat mich am meisten angesprochen? Warum? Ich versuche, dem nachzuspüren.

Eine andere Möglichkeit: Ich nehme mir noch einmal die Einheit her, die mir beim ersten Mal schwer zugänglich war.

Die Wiederholung kann auch darin bestehen, daß ich in einem Brief an meine(n) Begleiter(in) die Eindrücke und Erfahrungen dieser Woche niederlege.

Zur vierten Woche

Wir gehen in die vierte Woche der Exerzitien. Wir haben eine Reihe von Männern und Frauen kennengelernt, die in der Nachfolge Jesu standen, weit vor unserer Zeit. Was haben sie mit uns zu tun? Wenn ihre Zeit so ganz anders geartet war als die unsere – können wir dann überhaupt von ihnen lernen, über die Jahrhunderte hinweg?

Die Vergangenheit bildet »*den tragenden Grund des Geschehens, in dem das Gegenwärtige wurzelt*«. Dieser Satz des Philosophen Hans Georg Gadamer mag banal klingen. Dennoch ist es notwendig, sich bewußt zu machen: Niemand fängt vom Nullpunkt aus an, Mensch und Christ zu sein. Wer seine »Herkunft« beachtet und kennenlernt, dem öffnet sich »Zukunft«.

Wenn wir verschiedene Glaubenszeugen durch die Jahrhunderte hindurch auf ihre Form der Jesus-Nachfolge oder auf ihre Art des Betens hin befragen, so geschieht dies in der Überzeugung, daß in diesen Menschen ein und derselbe Geist Jesu wirksam war, der auch heute wirkt. Das Ziel unseres Durchganges durch die Geschichte ist ja: Jesus näher zu kommen, und zwar durch jene Menschen, die ihm nahestanden.

In dieser Woche sind es folgende:

* *Juliana von Norwich* ist eine mystisch begabte Frau im Spätmittelalter. Die ihr über das Gottesbild geschenkten Einsichten bestätigen manches, was heute vielen Frauen ein Anliegen geworden ist.

* Mit *Thomas More* betreten wir die Zeit des Humanismus. Heilige, die verheiratet waren und ihre Familie liebten, gibt es bislang in der Kirche nicht allzu viele.

* *Angela Merici* ahnt, daß ihre Zeit eine neue Form der Jesus-Nachfolge braucht. Der Widerstand, den sie erfährt, bringt sie dazu, »*Gott das Werk zu überlassen*«.

* Wie *Angela Merici* hatte auch *Teresa von Avila* viel unter dem kirchlichen Establishment zu leiden. Doch es gelingt der »großen Teresa«, Mensch und Frau zu bleiben.

* *Philipp Neri* überrascht, erschreckt und erfreut seine Umgebung mit unkonventionellen Gags. Er zeigt dadurch: Die Maßstäbe Gottes sind andere als jene der Menschen.

* *Franz von Sales* rät: Wer nach Heiligkeit strebt, soll sein Menschsein nicht aus den Augen verlieren.

* *Vinzenz von Paul* ist überzeugt, daß angesichts erdrückender Not »der Tropfen auf dem heißen Stein« Sinn hat.

Jesus, unsere Mutter

Juliana von Norwich (um 1343 – ca. 1420)

Hinführung

»Ich bin nichts als eine Frau, ungelehrt, schwach und einfältig; ... Weil ich eine Frau bin, sollte ich deshalb nicht von der Güte Gottes zu euch reden dürfen, da ich doch zugleich einsah, daß es sein Wille ist, daß das bekannt wird?« – Juliana war eine englische Einsiedlerin, deren Biographie weithin unbekannt blieb. Sie lebte wahrscheinlich bei St. Julian in Norwich (England). Während einer Krankheit, an der sie beinahe stirbt, berichtet sie von Visionen, die sie in die Passion Christi versetzen – Juliana möchte »mit-leiden« mit dem leidenden Erlöser.
Die Texte zeigen – neben der reichen Bildung und der ausgewogenen Spiritualität Julianas – zwei Tendenzen: (1) Juliana bezeichnet (unter Wiederaufnahme alter Traditionen der Kirchenväter und des Mittelalters) Gott bzw. Jesus als *»unsere Mutter«*. (2) Auch der Sünder fällt niemals aus der Liebe Gottes heraus. Die Kernaussage der 13. Offenbarung Julianas lautet: *»All shall be well«* *(»Alles wird sich zum Guten wenden«).*

(1) Gott – unsere Mutter

Die großen christlichen Mystiker und Mystikerinnen haben Bilder für den Rahmen des christlichen Lebens niemals abgelehnt. Gott ist für Juliana nicht nur *wie* eine Mutter, vielmehr wurzelt seine Mütterlichkeit in der Natur Gottes selbst. Eine Mutter ist also Gott nachgebildet:

»So ist Jesus Christus, der durch das Gute das Böse überwindet, in Wahrheit unsere Mutter. Von Ihm bekamen wir unser Sein; denn dort liegt der Urgrund der Mutterschaft und all die süße Geborgenheit der Liebe,

die für alle Zeit daraus entspringt. Ebenso wahrhaft wie Gott unser Vater ist, so wahrhaft ist Gott auch unsere Mutter ... Unser erhabener Vater, der allmächtige Gott, der das Sein ist, kannte und liebte uns vor dem Beginn aller Zeit. Aus diesem Wissen heraus und in Seiner ganzen wunderbaren, tiefen Liebe sowie durch den vorausschauenden ewigen Ratschluß der Heiligsten Dreifaltigkeit wollte Er, daß die zweite Person unsere Mutter, unser Bruder und unser Erlöser werden sollte. Darum also ist Gott so wahrhaft unsere Mutter, wie Er unser Vater ist. Als unser Vater beschließt Er, als unsere Mutter wirkt Er; der Heilige Geist aber, unser guter Herr, bestätigt ... In diesen Dreien ist unser ganzes Leben beschlossen: Natur, Barmherzigkeit und Gnade.

Eine Mutter kann ihr Kind zärtlich an die Brust drücken; Jesus, als unsere zärtliche Mutter, Er kann uns gnädiglich durch Seine geöffnete Seite in Seine heilige Brust eingehen lassen; Er kann uns dort einen Schimmer der Gottheit und der himmlischen Freude schenken und die geistliche Gewißheit unendlicher Seligkeit. Und das ließ Er mich sehen in der neunten Offenbarung und erklärte es zugleich durch den tröstlichen Ausspruch: Siehe, wie Ich dich liebe! – während Er voll heiliger Freude auf Seine Seitenwunde herabblickte.«

* Ich untersuche und überprüfe meine Gebetssprache: Wie spreche ich Gott in meinen Gebeten an? Wer (was) ist er für mich?

* Bin ich in meinen Bildern und Begriffen von Gott festgelegt? Gott führt hinaus ins Weite, Neue, noch nicht Bekannte.

* Welche Eigenschaften und Verhaltensweisen (Gottes) passen zu »Väterlichkeit«, welche zu »Mütterlichkeit«?

* Gott ist »transzendent«, er ist der »ganz Andere«. Wo

und bei welcher Gelegenheit ahnte ich schon einmal, daß Gott all mein Begreifen übersteigt? Daß nichts ihn einfangen kann?
* Bibelstellen: Num 11,12; Jes 46,3; 49,15; 66,13.

(2) »Niemals weniger kostbar in Seinen Augen«

»Alles umsonst«: Dieser Satz ist Gift für das Bemühen um Fortschritt im geistlichen Leben des Einzelnen wie auch für das Leben einer Gemeinschaft. Juliana meint, Rückschläge und Niederlagen seien notwendig; sie können uns näher zu Gott führen:

»Doch läßt er nach all diesem zu, daß einige von uns tiefer und, wie es scheint, schlimmer als je fallen. Dann kommt uns ... der Gedanke, daß alles, was wir getan haben, umsonst gewesen ist. So aber ist es nicht. Denn es ist notwendig für uns zu fallen und notwendig für uns, das zu erkennen. Denn wenn wir nicht fielen, würden wir nicht wissen, wie schwach und armselig wir von uns aus sind, noch würden wir in solchem Maße die wunderbare Liebe unseres Schöpfers erfahren. Denn im Himmel werden wir wahrhaft und ohne Ende erkennen, daß wir in diesem Leben schwer gesündigt haben und daß wir trotz alledem niemals aus Seiner Liebe herausgefallen sind noch jemals weniger kostbar in Seinen Augen waren. Und durch die Erfahrung unseres Falles werden wir ein tiefes, wunderbares Bewußtsein unserer nie endenden Gottesliebe gewinnen. Denn stark und wunderbar ist jene Liebe, die durch Fehltritte weder zerbrechen kann noch wird.«

* Juliana will gewiß nicht zur Sünde ermutigen, es geht ihr vielmehr um die »Nacharbeit«: Nichts ist umsonst, nicht einmal die Sünde. Der »Fall« ist notwendig. So kann ich zu einer Erkenntnis geführt werden, die ich sonst nicht gemacht hätte: zur *»wunderbaren Liebe*

unseres Schöpfers«, daß ich *»nie aus Seiner Liebe herausgefallen«* bin.

* Ich versuche, mich in diese Liebe Gottes zu versetzen
und das Vertrauen in mir zu stärken, daß meine *»Fehltritte«* diese Liebe nicht zerbrechen können.

* Bibelstelle: Röm 8,35–39.

»Dem Herrn mißtrauen, Meg, will ich nicht«

Thomas More (1478 – 1535)

Hinführung

Der englische Staatsmann, christliche Humanist und Schriftsteller Thomas More, nach Verweigerung des »Suprematseides« wegen Hochverrats vor Gericht gestellt, verurteilt und enthauptet, ist vor allem als »Märtyrer des Gewissens« bekannt (»*Nie habe ich daran gedacht, einer Sache zuzustimmen, die gegen mein Gewissen wäre*«). Er wurde 1478 in London geboren und empfing im Haus des Erzbischofs von Canterbury die Grundlage seiner umfassenden Bildung. Das Studium an der Universität Oxford machte ihn mit den Werken der griechischen Philosophie, mit den Kirchenvätern sowie mit scholastischer Theologie vertraut. Nach dem angefügten Studium der Rechtswissenschaften wurde er 25jährig ins Parlament gewählt und wirkte als Rechtsanwalt in London. Heinrich VIII. übertrug ihm einflußreiche Ämter.

Thomas More führte ein glückliches Familienleben, lebte intensiv den Glauben und bewältigte viele Dinge mit Humor und einem Schuß Ironie.

Sowohl die Verschiedenartigkeit als auch die Länge der Texte legen eine Auswahl nahe.

(1) »Dem Herrn mißtrauen, Meg, will ich nicht«

Der folgende Brief Mores an seine Tochter Margaret läßt ahnen, welch innere Bedrängnis er im Tower durchzustehen hatte. More vergleicht seine Situation mit jener des Petrus (Mt 14,22–33) und gibt sich dadurch ein »Stärkungsmittel«:

»Dem Herrn mißtrauen, Meg, will ich nicht, obwohl ich mich zaghaft fühle, ja und selbst wenn meine Furcht so heftig wird, daß sie mich umzuwerfen droht, dann will ich daran denken, wie der hl. Petrus bei

einem Windstoß zu sinken begann wegen seines schwachen Glaubens, und werde wie er Christus rufen und ihn bitten, mir zu helfen. Und ich vertraue, daß er mir dann seine heilige Hand reichen und mich in der stürmischen See vor dem Ertrinken bewahren wird. Ja, und wenn er mich noch weiter Petrus spielen läßt, mich vollends fallen und falsch schwören läßt – selbst dann noch vertraue ich, daß er in seiner Güte seinen zärtlichen, mitleidsvollen Blick auf mich richten wird wie auf Petrus und mich wieder aufstehen und von neuem die Wahrheit meines Gewissens bekennen lassen wird ... Wirklich, Meg, ich vertraue darauf, daß sein zärtliches Mitleid meine arme Seele sicher erhalten und mich über seine Barmherzigkeit frohlocken lassen wird. Und deshalb, meine gute Tochter, betrübe dich über nichts, was in dieser Welt mir zustoßen könnte. Nichts geschieht, was Gott nicht zum Guten wendet. Und ich bin ganz sicher: was immer es sei und wie schlimm es aussehen mag, es wird das Beste sein ... Ich werde von ganzem Herzen für uns alle beten, daß wir uns im Himmel wieder treffen mögen, wo wir für immer fröhlich sein werden und nichts uns mehr bedrohen kann.«

* Wie versucht Thomas More, gegen den drohenden Umschlag von Vertrauen in Mißtrauen und gegen die eigene Unsicherheit anzugehen? Welcher Satz ist für mich zentral? Was hilft mir zur Stärkung meines Vertrauens (in einen Menschen, in mich, in Gott)?
* Thomas More ahnt den »zärtlichen, mitleidsvollen Blick« Jesu auch im Falle seines Versagens (vgl. Lk 22,61). Ich versuche, mir diesen Blick vorzustellen.
* Thomas More ist überzeugt: »Nichts geschieht, was Gott nicht zum Guten wendet«. Ich vergleiche diese Glaubensaussage mit Röm 8,28 (»Wir wissen, daß Gott bei denen, die ihn lieben, alles zum Guten führt«).

(2) »Sicher genug vor Gott stehen«

More beruft sich für seine Entscheidung, den »Supre-matseid« nicht zu leisten, auf sein Gewissen:

»So wenig ich mich in das Gewissen anderer einmi-sche, so sicher bin ich, daß mein Gewissen mir allein gehört. Es ist das letzte, was ein Mensch tun kann für sein Heil, daß er mit sich eins wird. Kommt er in Ge-fahr, so ist er verpflichtet, sein Gewissen zu prüfen und Rat einzuholen und je nach seiner Einsicht sein Ge-wissen umzuformen. Danach aber steht er sicher genug vor Gott. In diesem Einklang mit meinem Heil glaube ich zu stehen, dafür danke ich dem Herrn, daß ich ganz sicher bin.«

* Mein Gewissen – letzte Instanz zwischen Gott und mir. Damit Ort einer letzten Gewißheit, aber auch ei-ner letzten Einsamkeit. Nach Thomas More kann der Mensch so *»mit sich eins werden«*. Ist das nicht die Sehnsucht unserer Zeit?
* Die christliche Überlieferung spricht von der Pflicht, das Gewissen zu »bilden« und zu »informieren.« Wel-che Bedingungen und Voraussetzungen nennt Thomas More, um *»sicher genug vor Gott zu stehen«*?
* Auf der Ebene der Gewissensentscheidung gibt es in personaler Verantwortung keine letzte Sicherheit vor Gott in mathematischem Sinn. Aber Thomas More spricht davon, *sicher genug vor Gott zu stehen*. Bin ich bereit, diese letzte »Grauzone« auszuhalten?

(3) »Nimm von mir die Stumpfheit meines Betens«

Thomas More führt trotz seiner vielen Tätigkeiten ein intensives geistliches Leben. Er sorgt sich um das Ge-bet:

»Nimm von mir, lieber Gott, meine lauwarme oder

vielmehr die eiskalte Art der Betrachtung und die Stumpfheit meines Betens zu dir. Und gib mir Wärme, Freude und geistige Wachheit des Denkens an dich.«

* Thomas More leidet unter der Routine des Herzens, unter der »Stumpfheit« seines Betens. Kenne ich diesen Zustand auch in meinem Gebet?
* Was läßt sich dagegen tun?
* Gelegentlich bleibt nur die Bitte an Gott: »Laß mich nicht kalt oder lauwarm sein in meiner Liebe zu dir« (wie Thomas More an anderer Stelle betet).
* Als Abschluß der Einheit dieses Tages bete ich das folgende Gebet Thomas Mores:

»Gieße, so bitte ich dich, ein solches Feuer in mein Herz,
Daß es deiner Liebe gleich werde.
Gib, daß ich mich vom Dienste Satans lossage,
Dem so lange schon gedient zu haben mich reut.
Gib mir, lieber Gott und Schöpfer des Alls,
Die Flamme, alles sündige Begehren zu töten,
Und setze durch deine Liebe mein ganzes Herz in Brand.
Daß, wenn die Reise dieses sterblichen Lebens
Mein armer Geist beendet hat und von hinnen
Scheiden muß, ohne seine körperliche Braut,
Allein vor das Angesicht seines Herrn,
Er dich finden möge, o Quelle der Vergebung,
In deinem Reiche nicht als einen Herrscher,
Sondern als einen sehr zärtlich liebenden Vater.
Amen.«

»Nichts gewaltsam durchsetzen wollen«

Angela Merici (um 1475 – 1540)

Hinführung

Aus dem Leben der Angela Merici sind nur wenige Einzelheiten überliefert. Geboren 1474 in Desenzano (Italien), gründete sie die »*Gemeinschaft der hl. Ursula*« (die »*Ursulinen*«), deren Mitglieder sich nicht ins Kloster zurückziehen, sondern mitten in der Welt bleiben und dort gottverbunden leben wollten. Für diese Lebensform sah Angela ursprünglich kein Ordenskleid vor. Aus heutiger Sicht war Angela ihrer Zeit weit voraus (vgl. ihre Aufforderung: »*Und lebt ein neues Leben*«) und nahm mit diesem Konzept moderne Formen der Jesus-Nachfolge (Säkularinstitut, Weltgemeinschaft) vorweg.

Die nachfolgenden Texte sind Weisungen an die Verantwortlichen kleiner Gemeinschaften und ein Zeugnis gütiger und kluger Menschenführung.

(1) »Gott will niemanden zwingen«

»*Drittens unterbreite ich Euch die Bitte: Müht Euch, sie mit Liebe und mit sanfter und milder Hand zu leiten, nicht gebieterisch und nicht mit Härte. Seid vielmehr in allem gefällig. Hört auf Jesus Christus, der sagt: Lernet von mir, denn ich bin gefällig und sanftmütig von Herzen ... So sollt auch Ihr Euch bemühen, jede nur mögliche Gefälligkeit zu tun und zu gebrauchen. Und vor allem hütet Euch davor, etwas gewaltsam durchsetzen zu wollen. Denn Gott hat jedem seinen freien Willen gegeben und will niemanden zwingen. Er macht nur offenbar, lädt ein und rät.*«

* Liebe, Sanftmut, Milde: Habe ich solches von Eltern, Vorgesetzten, Autoritätspersonen, Lehrern erfahren dürfen?
* Für den Fall, daß mir Menschen anvertraut sind: Wie wirkt der Rat Angelas auf mich?
* Womit begründet Angela ihren Rat, »*nichts gewaltsam durchsetzen zu wollen*«?
* Gott respektiert den freien Willen des Geschöpfes und geht nie darüber hinweg. Gott hat Freude daran, wenn der Mensch den freien Willen zum Guten, zur Liebe einsetzt. Gott hat sich wehrlos gemacht gegen den, der ihn ablehnt. Seine Art ist es, immer wieder einzuladen, denn »*Gott duldet nur Freie neben sich*« (Thomas von Aquin).

(2) »... und dann überläßt Gott das Werk«

»Liebt Eure Töchter auf gleiche Weise. Seid nicht für die eine oder andere mehr eingenommen; denn alle sind Gottes Geschöpfe, und Ihr wißt nicht, was er aus ihnen machen will. Woher und wie wißt Ihr, ob nicht jene, die Euch jetzt geringer und niedriger erscheinen, die sind, welche die Hochherzigsten werden und seiner Majestät am meisten gefallen? Ferner: Wer kann die Herzen und die geheimen Gedanken im Innern des Geschöpfes richten? Umfaßt und ertragt sie also alle gleicherweise. Es steht Euch nicht zu, über Gottes Mägde zu richten. Er weiß wohl, was er mit ihnen vorhat. Er kann, wie die Schrift sagt, aus Steinen dem Himmel Kinder erwecken (Lk 3,8). Ihr indes waltet Eures Amtes, indem Ihr sie mit Liebe und Güte zurechtweist, wenn Ihr sie aus menschlicher Schwäche in einen Fehler fallen seht ... Und dann überläßt Gott das Werk, der wunderbare Dinge zu seiner Zeit und nach seinem Wohlgefallen vollbringen wird.«

* Angela rät, sich im alltäglichen Umgang mit dem Nächsten nicht allein vom gegenwärtigen Eindruck leiten zu lassen. Christliche Gemeinschaft bedeutet den Versuch, den Mitmenschen mit den Augen Gottes zu sehen. Daher gilt: »*Ihr wißt nicht, was er, Gott, aus ihnen machen will*«. Gott hat mit jedem Menschen Großes vor (Gott »*weiß wohl, was er mit ihnen vorhat*«): aus dem geringsten und niedrigsten Menschen kann immer noch der *Hochherzigste* werden. Jeder Mensch kann immer noch ein anderer werden, wenn er sich durch Gott wandeln läßt.

* Angela gibt eine Reihe von Ratschlägen und Ermahnungen an jene Schwestern, denen andere anvertraut sind. Man muß das Seine, das Mögliche tun – »*und dann Gott das Werk überlassen*«. Gelassenheit bedeutet also nicht, »cool« zu agieren, sondern die Dinge (die Menschen, die Sorgen) gläubig-vertrauend Gott zu übergeben.

* Nicht richten, nicht urteilen: Ich lese Jesu Worte aus der Bergpredigt Mt 7,1–5 bzw. Lk 6,37.

Freundschaftlicher Umgang mit Gott

Teresa von Avila (1515 – 1582)

Hinführung

Die »große Teresa« war 1525 gegen den Willen ihres Vaters in
das Karmeliterkloster in Avila eingetreten. Nach 20 Jahren
mittelmäßigen Lebens im Kloster erfährt sie Christus neu.
Frucht dieser Begegnung ist das Streben nach einer grundlegenden Reform ihres Ordens (»Unbeschuhte Karmeliten«) mit
der Rückkehr zu Armut, Einsamkeit und Gebet. Bis zu ihrem
Tod gründet Teresa trotz zum Teil erheblicher Widerstände
insgesamt 32 Klöster.– Die Schriften Teresas haben zum Ziel,
ihr Gebet und ihre mystischen Erfahrungen zu analysieren
und anhand von Bildern mitteilbar zu machen.
Ziel des Tages ist, aus dem immensen Reichtum der »Lehre-
rin der Kirche« (die sie seit 1970 ist) das auszuwählen, wodurch ich mich angesprochen oder herausgefordert weiß.
Nach der Phase der Sammlung und dem Vorbereitungsgebet
lese ich langsam die thematisch geordneten Sätze, wähle einige aus und bleibe bei ihnen. Ich beschließe die Einheit mit
einem *Zwiegespräch mit dem Herrn.*

(1) Gebet

*»Die Zeit, die wir dem Herrn schenken, gehört ihm,
nicht mehr uns.«*

*»Das innere Gebet ist nichts anderes als ein freund-
schaftlicher Umgang mit Gott: Oft sprechen wir im
Verborgenen mit dem, von dem wir wissen, daß er uns
liebt.«*

*»Es ist weitaus wertvoller, von Zeit zu Zeit eine einzige
Bitte des Vaterunser zu beten, als das ganze Vaterunser öfters gedankenlos zu sprechen.«*

»Kein Beten bis zur Erschöpfung!«

(2) Gottesliebe und Nächstenliebe

»Sie meinen, auf Andachtsgenüsse komme es an. Nein, meine Schwestern, nein, Werke will der Herr. Wenn du weißt, du könntest einer Kranken Linderung bringen, so laß ohne Zögern ab von deiner Andacht, und tu's.«

»Eine zu tiefe und lang andauernde Versunkenheit bei geistlichen Übungen führe ich auf eine Schwäche zurück. Man sollte seine Zeit nicht so lange in Träumereien zubringen ... Gott hat ebenso großes Wohlgefallen, wenn man über seine Geschöpfe, die er aus dem Nichts erschaffen hat, nachdenkt, wie wenn man an den Schöpfer selbst denkt. Je mehr wir uns in die Wunderwerke Gottes vertiefen, desto mehr offenbaren sie uns seine Herrlichkeit.«

»Es kommt nicht darauf an, viel zu denken, sondern viel zu lieben. Darum tut das, was in euch am meisten Liebe weckt.«

»Solange jemand allein lebt, kann er sich leicht für heilig halten; erst in der Gemeinschaft wird er spüren, ob er wirklich demütig und geduldig ist.«

»Das sicherste Zeichen, ob wir das doppelte Gebot erfüllen, ist meines Erachtens die treue, opferbereite Liebe zum Nächsten. Denn ob wir Gott lieben, können wir nicht wissen, höchstens es vermuten; aber ob wir den Nächsten lieben, das können wir wissen.«

»Stört dich ein Fehler eines anderen, so übe an dir selbst das entgegengesetzte Gute. Denn Beispiel wirkt mehr als Worte.«

(3) Geistliches Leben

»Es kommt vor allem darauf an, entschlossen zu beginnen. Wer entschlossen beginnt, hat schon einen guten Teil des Weges hinter sich.«

»Mutige Menschen kommen in wenigen Jahren weiter voran als zaghafte Menschen, die sich in Demut ein-mummen.«

»Wem Gott keine körperlichen Kräfte schenkt, der be-darf ihrer auch nicht. Der Herr ist zufrieden, wenn je-der gibt, was er hat.«

»Gegen den Rückschritt gibt es nur ein Mittel: immer wieder von vorn anfangen.«

»Es stände schlecht um uns, wenn wir erst dann Gott suchen könnten, nachdem wir von der Welt losgelöst sind. Magdalena, die Samariterin und die Kanaanäerin waren es nicht, als sie ihn fanden.«

»Da Gott im Belohnen keine Grenze kennt, darf man nicht stillestehen, sondern muß sich anstrengen, etwas für ihn zu tun. Voll Eifer sollte man täglich ein bißchen weiterkommen.«

»Einsetzen sein Leben, darauf kommt es an ...«

»Viel erträgt die Liebe zu Gott. Geschähe etwas ohne sie, so wäre es nichts.«

»Ziehe Liebe aus jedem Ding.«

»Wißt, daß sich der Herr inmitten der Kochtöpfe auf-hält!«

»Gott schütze uns vor sauertöpfischen Heiligen!«

»Einen unzufriedenen Menschen fürchte ich mehr als viele Teufel.«

»Ich glaube, daß der Teufel nicht so viel Böses anrich-tet wie unsere eigene Einbildungskraft und unsere schlechten Launen, zumal wenn Melancholie hinzu-kommt.«

(4) Die Liebe Gottes

»Mein Gott, wie klar hat es sich gezeigt, daß du mich mehr liebst als ich mich selbst.«

»Wie schnell sind wir bereit, Gott zu beleidigen, und wieviel schneller ist er bereit, uns zu verzeihen!«

»Gottes Barmherzigkeit ist wahrhaftig groß. Wo fänden wir einen Freund, der so vieles hinnimmt!«

»Wenn Gott uns seine Huld zuwendet, so geschieht dies ungemein friedvoll, ruhig und sanft, tief in unserem Innern, ich weiß nicht, wo und wie.«

Auf einem Blatt in Teresas Stundenbuch stand: »Nichts soll dich ängstigen. Nichts dich erschrecken. Alles vergeht. Gott bleibt sich treu. Geduld erreicht alles. Wer sich an Gott hält, dem fehlt nichts. Gott nur genügt.«

Freiheit der Kinder Gottes
Philipp Neri (1515–1595)

Hinführung

Manche Heilige bezeugten ihrer Zeit das Evangelium auf unkonventionelle Art. Später wurden sie oft »schubladisiert« und dabei nicht selten verharmlost. Philipp Neri, 1515 in Florenz geboren, verbrachte sein Leben in Rom als Straßenmissionar und »heiliger Komödiant«. Er gilt als der »humoristische Heilige« (Goethe), weil er als »Narr um Christi willen« (1 Kor 4,10) die evangeliumsgemäße Freude und die Torheit des Kreuzes wählte und zur Darstellung dieses Lebensinhaltes zu überraschenden Methoden griff. Philipp Neris Zimmer, über dessen Eingang die Aufschrift »*Herberge zur christlichen Fröhlichkeit*« zu lesen stand, war zugleich der Entstehungsort des *Oratoriums:* eine ursprünglich für Laien und Priester vorgesehene Lebensgemeinschaft ohne Gelübde, in der man eine Verbindung des Geistlichen mit dem Weltlichen anstrebte. Hier betete man, legte die Hl. Schrift aus und übte sich im Gesang.
Der Umfang und die unterschiedlichen Schwerpunkte der Texte empfehlen für diesen Tag eine Auswahl.

(1) Die Welt zum besten halten

In einer entlegenen Gasse Roms begegnete Philipp Neri eines Tages einem Kardinal. Der Heilige sprach den Kardinal ernsten Tones an: »Es ist gewiß verwegen von mir, aber ich möchte Eure Herrlichkeit um eine Gnade bitten.« – »Warum nicht?«, erwiderte die Eminenz, deren Neugier erwachte, »sprecht, Hochwürden, es ist mein Wunsch und Wille, Euch zu dienen.« – »Ich fürchte fast«, entgegnete Philipp mit einem Seufzer, »daß ihr mir im vorliegenden Fall kaum helfen könnt.« Und nachdem er den hohen Herrn eine gute Weile hatte zappeln lassen, meinte Philipp: »Nun, es handelt sich um folgendes: Wäre Eure Herrlichkeit in der Lage, meinen weiß gewordenen Bart wieder schwarz zu machen?«

Unter den vielen Seltsamkeiten, die Philipp Neri beging, um närrisch zu erscheinen, sind auch diese überliefert: *Er legte sich ein großes türkisches Kissen als Turban auf den Kopf, trug weiße Schuhe, zog ein rotes Hemd an, schmückte sich wie ein Pfau mit einem Marderpelz oder einem weißen Atlasrochett, das ihm Papst Pius V. geschenkt hatte, ließ sich nur die Hälfte des Haares oder des Bartes schneiden, vollführte Sprünge auf offener Straße, trug einen Hund auf dem Arm ...*

Ein Zeitzeuge erzählt, daß Philipp Neri »seine Klugheit mit Handlungen verdeckte, die für einige Faulheit und Oberflächlichkeit zu sein schienen. Deshalb tat er vieles, was manch einer für lächerlich hielt, wie zum Beispiel in Gegenwart von Prälaten und Kardinälen Luftsprünge machen, Frauen und junge Leute ohrfeigen, Verse aus Kriegsbüchern zitieren, und dies immer völlig unerwartet. Als ein vornehmer Römer zu ihm gekommen war und sein Benehmen gesehen hatte, sagte er hinterher zu einigen seiner Freunde, daß er empört sei, welchen Unfug der Pater trieb.«

* Was haben diese Anekdoten mit Heiligkeit, mit dem Evangelium zu tun? Fällt mir dazu eine Stelle im Evangelium ein?

* Wieviel ist mir mein Ansehen vor den anderen wert? Als mein Ruf einmal Schaden erlitt – wie reagierte ich? Könnte ich den Verlust meiner Ehre ertragen?

* Wo hat die »Freiheit der Kinder Gottes« in meinem Leben ihren Ort?

* Geistliches Leben, Dienst am Nächsten: Was tue ich in diesen Bereichen so und primär deshalb, daß es von anderen gesehen wird?

* »Habt Salz in euch« (Mk 9,50): Philipp Neri bewies,

daß ein Leben nach dem Evangelium nichts Fades und Heiligkeit nicht mit Steifheit zu verwechseln ist. Ich lese die folgenden Bibelstellen zum Thema »Salz«: Mk 9,49–50; Lk 14,34; Kol 4,6. Wie ist es um den »Geschmack« meines Christseins bestellt?

* »Gott kennt euer Herz. Denn was die Menschen für großartig halten, das ist in den Augen Gottes ein Greuel« (Lk 16,15). Das Evangelium stülpt konsequent alle Maßstäbe um. Mein nächster Schritt, allgemein anerkannte Plausibilitäten mit den *Augen Gottes* zu sehen und zu relativieren?

* Das Ereignis »Kreuz« ist mit menschlichen Maßstäben weder zu begreifen noch plausibel zu machen; es ist »Torheit«. Paulus bezeichnet sich als »Narr in Christus« (1 Kor 4,10), der die »Torheit des Kreuzes« (1 Kor 1,18–31) verkündigt. Ist mir schon einmal aufgegangen, daß Menschen sich einer Seite des Evangeliums verschrieben haben, die vielen als »Torheit« erscheinen muß?

* Bibelstellen: Mt 6,5–6; 1 Kor 1,18–31; 4,9–10.

(2) Herberge zur christlichen Fröhlichkeit

»Skrupel und Melancholie, macht, daß ihr von meinem Haus wegkommt!«

»Der wahre Weg, gut zu bleiben, ist heilige Fröhlichkeit.«

»Die innere Fröhlichkeit des Christen ist eine Gabe Gottes ... Wohl hat die Gott befreundete Seele auf der dunklen Pilgerfahrt durch dieses Leben auch ihre Trauer ... aber doch herrscht die Freude vor, wenn wir die von Gottes väterlicher Güte für uns erschaffenen Dinge betrachten ... Ich fürchte, daß die wahre, dauernde Freude weitab von den Höfen der Könige und Fürsten weilt, ebenso auch ferne von den Palästen der Kardinäle und Bischöfe, namentlich wenn sie reich sind.«

»Der Herr wird uns niemals eine Trübsal senden, ohne daß er uns gleichzeitig eine Tröstung schickt, wenigstens innerlich. Und wenn er uns die Qual schickt, sollen wir heiter sein, weil er uns auch die Tröstung schicken wird.«

* Mein Haus, mein Zimmer – welche Atmosphäre beherbergt es?

* Ein Leben in der Gnade Gottes ist ein Leben in der wahren Freude, und »Freude« ist nach Paulus eine Frucht des Hl. Geistes: Woran habe ich gemerkt, daß »Freude« nicht gleich »Freude« ist? Woran kann ich mich gegenwärtig mehr freuen als früher?

* Hat mein Leben einen genügend weiten Spiel-Raum: einen Raum für das Spiel, für das vermeintlich Sinnlose, einen Raum der Zweck- und Warumlosigkeit?

* Nehme ich mich zu wichtig – oder ist das Gegenteil der Fall: daß ich mich zu wenig ernst nehme?

* Bibelstellen: Mt 5,4; Gal 5,22; Phil 4,4–7; 1 Thess 5,16; Offb 21,3–4.

(3) Mein Jesus

Von Philipp Neri sind eine Reihe von Stoßgebeten überliefert. Diese kurzen Gebete geben Aufschluß über seine tief empfundene Nähe zu Jesus Christus. Darüber hinaus zeigen sie das Wissen um die eigene Schwäche sowie das Bemühen, in der Gegenwart Gottes zu leben.

Oft hörte man ihn sagen: *»Laß mich den heutigen Tag gut beenden, dann habe ich keine Angst vor morgen.«*

»Herr, wenn du mich willst, komme ich: Hier bin ich, auch wenn ich nichts Gutes zustande gebracht habe; mach du's.«

»Herr, nimm dich heute vor mir in acht. Ich habe Angst, daß ich dich verrate.«

»Mein Jesus, laß mich dich nicht beleidigen.«

»Ich kenne dich noch nicht, Jesus, weil ich dich nicht suche!«

»Ich möchte dich lieben und finde den Weg nicht.«

»Mein Jesus, ich möchte dich doch lieben!«

»Was kann ich machen, wenn du mir nicht hilfst!«

»Wenn du mir nicht hilfst, gehe ich unter!«

»Gib mir Kraft, mein Jesus, daß ich dich nicht aus Furcht, sondern aus Liebe lieben kann.«

»Ich suche dich und finde dich nicht, mein Jesus, komm zu mir!«

»Jesus, sei mein Jesus!«

* Welches möchte ich heute als mein Gebet übernehmen? Welche Kurzformel gibt derzeit mein Gebetsanliegen wieder?
* Bibelstellen: Mk 10,47; Lk 23,42; Offb 22,20.

»Deine Frömmigkeit sei liebenswürdig«

Franz von Sales (1567 – 1622)

Hinführung

Franz von Sales war Bischof von Genf, Prediger, geistlicher Führer und Reformer des Klerus. Er lehrte die Berufung aller Christen zur Heiligkeit und machte Frömmigkeit auch den in der »Welt« lebenden Laien zugänglich.

Franz von Sales vermittelt eine dem Menschen mögliche, auf das individuelle Maß achtende, kurz: eine »menschliche« Spiritualität.

(1) Menschliche Spiritualität

»Gewiß, du sollst immer nach dem Höchsten streben, aber mit Maß, mit Ruhe und mit Geduld.«

»Wir verlangen manchmal so sehr, Engel zu sein, daß wir darüber vergessen, gute Menschen zu sein.«

»Deine Frömmigkeit sei liebenswürdig. Deine Frömmigkeit darf niemand lästigfallen.«

»Sei einfach.«

»Alles aus Liebe, nichts aus Zwang.«

»Sag und tue alles, was zu sagen und zu tun ist, in freundlicher Stimmung.«

»Liebe die unauffällige Tugend.«

»Hüte dich vor Eile, vor Traurigkeit und Ängstlichkeit.«

»Die kleinen Versuchungen sind so unermeßlich an Zahl, daß der Sieg über sie dem Sieg über große Ver-

suchungen gleichkommt. *Es mag leicht sein, einen Mord zu unterlassen, aber es ist schwer, kleine Zornesausbrüche zu unterdrücken.*«

* Franz von Sales plädiert für das dem Menschen Mögliche. Wodurch unterscheidet sich das Maß, das Augenmerk auf die Mitte zwischen den Extremen von der Mittelmäßigkeit, von der Lauheit?
* Das *Maß*, die *Ruhe* und die *Geduld:* Wie ist es damit bei mir bestellt? Worin könnte mein nächster Schritt bestehen, diese Tugenden einzuüben?
* »Menschwerdung« ist das Ziel des Christseins. Laufe ich Gefahr, dieses Ziel aus den Augen zu verlieren – mit zugleich frömmster Motivation?
* Die *unauffällige Tugend:* Kenne ich einen Menschen, dessen Tugend, dessen Gut-sein, dessen Jesus-Nachfolge so authentisch wie diskret und schlicht ist?

(2) Gebet

»Wer beim Beten auf sein Gebet achtet, der ist nicht ganz gesammelt. Denn er wendet seine Aufmerksamkeit von Gott ab und seinem Gebet zu. Sogar das Bemühen, jede Zerstreuung zu meiden, führt oft zu großer Zerstreuung. Einfalt ist das Beste im geistlichen Leben.«

»Ich will meinen Schöpfer preisen mit dem Angesicht, das er mir gab.«

* Franz von Sales zeigt die Grenzen der Selbstreflexion beim Beten auf. Worin liegt die Gefahr der Selbstbeobachtung?
* Einfältig zu sein gilt heute nicht als Lob. »Einfalt ist ... eine alles zusammennehmende Antwort des Menschen auf Gott, den Ureinen und für ihn Einzigen« (Corona Bamberg). Ich vergleiche Mk 12,28 mit dieser Definition.

* Habe ich schon einmal jene Kraft geahnt oder gespürt, die der Einfalt, der Haltung der Hingabe an Gott, entspringt?

* Wie dringt das Angesicht, das mein Schöpfer mir gab, in meinem Beten durch?

(3) Einfältige Liebe

»Hätte eine Handlung hundert Gesichter, so sollst du das schönste ansehen.«

»Ich beschwöre dich, niemals weder offen noch heimlich von irgend jemand lieblos zu reden.«

»Klage so wenig wie möglich über erlittenes Unrecht. Wer sich beklagt, kommt gewöhnlich nicht ohne Sünde davon. Denn die Eigenliebe läßt uns die Beleidigung meist größer erscheinen, als sie ist.«

»Laß die Welt sagen, was sie will, du liebe deinen Gott von Herzen.«

»Wo man liebt, kennt man keine Mühe.«

* Welches Wort spricht mich besonders an?

* Franz von Sales unterstreicht die notwendige Unbeirrbarkeit auf dem Weg der Liebe. Wodurch lasse ich mich immer wieder allzu sehr beeindrucken und aus dem Rhythmus bringen?

* Ich wähle eines der Gebete der Hingabe aus dem »Gotteslob« (Nr. 5) und beschließe damit die Einheit dieses Tages.

Geheimnis des Erbarmens

Vinzenz von Paul (1581 – 1660)

Hinführung

Das Frankreich an der Wende vom 16. zum 17. Jahrhundert liegt im Chaos: Kriege, Hungersnöte und Seuchen haben ganze Landstriche verwüstet. Vinzenz, im kargen Vorland der Pyrenäen geboren, wurde von seiner Familie aus materiellen Gründen gedrängt, Priester zu werden. Nach und nach erkannte Vinzenz seine eigentliche Berufung: Er mußte erst einmal das Elend der Kranken ganz an sich heranlassen, durch die Lebensbeichte eines sterbenden Bauern zutiefst erschüttert werden, einem großen geistlichen Erneuerer Frankreichs, Kardinal Bérulle, begegnen, um auf die Spur Gottes zu kommen.

Die bäuerliche Herkunft Vinzenz' zeigt sich in der Klugheit, mit der er an die Probleme heranging, sowie in der Konkretheit seiner Frömmigkeit: konsequenter, harter Dienst an den Armen und Notleidenden (Strafgefangene, Bettler, Findelkinder, Sklaven, Geisteskranke, verwahrloste Landbevölkerung), dabei jedoch mit Maß, behutsam und mit gutem Beispiel vorangehen und so die »lauen Christen« zu größerer Ernsthaftigkeit bewegen.

Für die Einheit dieses Tages erscheint es angebracht, aus den Texten und Anregungen auszuwählen.

(1) Die unscheinbaren Anfänge

»Vermeiden Sie ... etwas zu scheinen, und: Tun Sie nie etwas um menschlicher Hochachtung willen. Im Hinblick darauf ist es ... richtig, daß Sie eine Zeitlang das verborgene Leben unseres Herrn verehren. Es liegt so etwas wie ein verborgener Schatz darin beschlossen, weil der Sohn Gottes dreißig Jahre auf Erden wie ein armer Handwerker lebte, ehe Er sich zu erkennen gab. Auch segnet Er stets und viel mehr die unscheinbaren als die aufsehenerregenden Anfänge.«

* Der Segen Gottes liegt auf den »unscheinbaren An-
fängen«: Wie kommt Vinzenz zu dieser Überzeugung?
Worin liegt die Gefahr der »aufsehenerregenden Anfänge«? Wo gibt es in mir und in meiner Umgebung un-
scheinbare Anfänge des Guten?

»Die Inspirationen Gottes sind sanft und friedlic
neigen uns liebend dem Guten entgegen, das l
uns wünscht.«

* »Die Inspirationen Gottes sind sanft und frie
... und sind daher leicht überhörbar. Was tue, w
was höre ich (nicht), um die inneren geistlicher
zu schärfen? Wie lassen sich die sanften und frie
Inspirationen Gottes von Träumerei unterschei

»Gottes Dinge geschehen von selber.«

»Das Gute, das Gott will, wirkt sich beinahe
ber, ohne daß man daran denkt.«

* Wie findet Vinzenz von Paul zur Haltung de
senheit, in der er sagt: Gottes Dinge geschehen
ber? Habe ich das schon einmal beobachten kör
welchem Verhältnis steht die Gelassenheit z
des Menschen (vgl. den folgenden Abschnitt
Werk tun«).
* Bibelstellen: Mk 4,26–29; Röm 12,17.

(2) Gottes Werk tun

»Seien Sie davon überzeugt, daß Gott ihnen bloß be-
fiehlt, die Netze zu werfen, nicht aber Fische zu fangen,
weil Er es ist, der sie ins Netz gehen läßt.«

»Wenn nur Gottes Werk überhaupt getan wird, dann
ist es gleichgültig, durch wen!«

110

»Gott verfehlt nie, uns zu helfen, wenn die Zeit da ist und wenn wir von unserer Seite aus alles getan haben, was wir konnten.«

* Wie »funktioniert« Apostolat? Was ist Sache Gottes? Was ist Sache des Menschen, der im »Weinberg des Herrn« mitarbeitet? Wie sieht Vinzenz das Zusammenwirken von Gott und Mensch?
* »Alles tun, was man kann – Gottes Dinge geschehen von selber«: Was gilt jetzt? Kann ich diese Spannung aushalten?

»Gott zu lieben genügt nicht. Man muß auch dafür sorgen, daß andere ihn lieben.«

* »Dafür sorgen, daß andere ihn lieben«: Ist es mir ein Anliegen, daß auch andere Menschen Jesus Christus kennen und lieben lernen und zur Liebe Gottes hinfinden?

»Wer sich überstürzt, entfernt sich von den Dingen Gottes.«

* Ist das Sich-Überstürzen, das hastige Agieren und Reagieren eine meiner Schlagseiten? Welche Gründe vermute ich bei mir (Selbstüberschätzung, Helfersyndrom, nicht loslassen können ...)? Was könnte mir zu mehr Gelassenheit und zu einer ruhigeren Vorgehensweise verhelfen?

»Lieben wir Gott, meine Brüder, aber auf Kosten unserer Arme und im Schweiße unseres Angesichts! Denn oft sind Akte der Liebe zu Gott und ähnliche Regungen und innere Übungen eines zartbesaiteten Herzens, so gut und wünschenswert sie an sich sind, doch höchst verdächtig, wenn sie sich nicht in der Praxis auswirken.«

»Gottes Gebot, Ihn von ganzem Herzen, mit ganzer Seele und allen Gedanken zu lieben, besagt nicht, daß Er will, das Herz und die Seele sollten diese Liebe auch immer empfinden.«

* Vinzenz bindet die »Akte der Liebe zu Gott« sofort zurück an den »Schweiß im Angesicht«. Mit anderen Worten: »Ähnliche Regungen« (Erfahrungen der Gottesliebe) haben nur Wert und sind nur echt, wenn »sie sich in der Praxis auswirken«. Was bedeutet das für meine Gebetserfahrung?
* Welches Verhältnis habe ich zwischen Gebet und konkretem Dienst am Reich Gottes für mich gefunden?
* Bibelstelle: 1 Kor 3,5–11

(3) Der Dienst an den Armen

»Der Armendienst ist allem anderen vorzuziehen und immer sofort zu leisten ... Man vernachlässigt Gott nicht, wenn man ihn um seinetwillen verläßt. Wenn ihr also das Gebet um eines Armen willen verlaßt, dann bedenkt, daß gerade das Gottesdienst ist. Die Liebe, auf die alles ausgerichtet sein muß, steht über den Regeln. Sie ist die Herrin.«

»Gott liebt die Armen, und folglich liebt Er jene, welche die Armen lieben.«

* Wie kommt Vinzenz von Paul zu dieser unbedingten Vorordnung des Armendienstes?
* Wo und wie kann ich – mit meinen Möglichkeiten – den Armen dienen? .
* Störungen zu unpassender Zeit – etwa während der Gebetszeit: Wie gehe ich mit ihnen um?
* Bibelstelle: Mt 26,11

Zur fünften Woche

Die »Exerzitien für den Alltag« dauern nun schon einen Monat lang. Ist es gelungen, ein wenig Neugier zu wecken auf die Welt der Heiligen? Wurden darin gangbare Wege zu den »Quellen des Lebens« ansichtig?

Wir haben bisher schon recht unterschiedliche Typen und Ausformungen von Jesus-Nachfolge kennengelernt. Möglicherweise ist dabei manches fremd erschienen. Das macht nichts – das ist sogar gut so! Die Beschäftigung mit dieser Art von Tradition dient nämlich auch der Provokation und damit als Mittel gegen die Anpassung. Paulus mahnt: »Gleicht euch nicht dieser Welt an« (Röm 12,2). Paulus meint eine bestimmte Neigung, sich und den anderen nur das zuzutrauen, was plausibel, vernünftig begründbar ist, was »geht«, was von der Zustimmung der anderen begleitet ist. Jede Zeit hat ihren »Zeitgeist« und ist in gewissem Maße von der jeweils herrschenden, unkritischen Mode abhängig. Die persönliche Herausforderung kann zu kurz kommen, wenn jedem Konfliktstoff ausgewichen wird. Manche Heilige sind absonderlich; sie tun und sagen gelegentlich Befremdliches, ja Verrücktes. Wer dem nicht ausweicht und sich um ein Verständnis bemüht, dem wird aufgehen, daß der Glaube nichts Harmloses ist.

Diese Woche führt vom 17. ins 19. Jahrhundert, von der Gegenreformation bis in die Zeit des I. Vatikanischen Konzils:

* Die Anfragen Martin Luthers erfordern neue Antworten. Die Kühnheit *Mary Wards* zeigt sich in ihrer Bereitschaft, sich Gott auf Wegen zur Verfügung zu stellen, die bis dahin für Frauen nicht gangbar schienen.
* Die Gedanken von *Blaise Pascal* sind typisch für den Menschen der Neuzeit: Wo ist ein verläßlicher Standpunkt für die Suche nach Gott?

* *Gerhard Tersteegen* ist mit inniger Christusliebe und einem tiefen Glauben an die Gegenwart Gottes beschenkt.

* *Don Giovanni Bosco* beweist, daß Heiligkeit in Fröhlichkeit besteht, und gibt jungen Männern neue Perspektiven für ihr Leben.

* *John Henry Newman* fragt besonders genau nach der Stimme seines Gewissens. Ob es die Stimme Gottes ist, zeigt sich im Wachstum: »*Wachstum ist der einzige Beweis für Leben*«.

* Die »liebliche« Sprache der *Therese von Lisieux* ist geeignet, zu verdecken, welch radikale Anfechtung im Glauben sie mehrmals durchmachen muß.

Weibliche Kühnheit

Mary Ward (1585 – 1645)

Hinführung

Mary Ward, geboren 1585 bei York, wuchs in der Untergrundkirche auf: Aufgrund der anglikanischen Religionsgesetze wurden Katholiken in England grausam verfolgt. Durch diese Lebensumstände prägte sich in Mary Wards Leben jene Beharrlichkeit und Zähigkeit aus, mit der sie ihren Weg suchte. Nachdem sie das Angebot einer Heirat abgelehnt und das rein kontemplative Leben in einem Klarissenkloster in Flandern nicht als ihren Weg erkannt hatte, leistete sie mit einigen Gefährtinnen unter großer Gefahr apostolische Arbeit. Mary Ward suchte weiter – nach einem neuen Weg (»Ich sollte etwas anderes tun«). Sie sah ihren Auftrag schließlich darin, die Ordensform der hl. Ignatius von Loyola zum Programm eines Frauenordens zu machen. Doch daß Frauen Dienst in der Seelsorge leisten, dafür war die Männerkirche noch nicht reif. Zeit ihres Lebens hatte Mary Ward Konflikte mit dem kirchlichen Establishment durchzustehen. Der Widerstand gegen ihren Neuansatz führte vorerst zur Zerstörung ihrer Werke, die Saat ging erst später auf.

Das bewegte Leben Mary Wards steht unter dem Motto: »Zur größeren Ehre Gottes zum Heil der Menschen da sein«. – Für diesen Tag empfiehlt sich, aus den Texten und Impulsen eine Auswahl zu treffen.

(1) Den Willen Gottes suchen

»Alle Krankheiten und Leiden, die ich durchgemacht habe, sind nichts im Vergleich zu der Qual meines Suchens.«

* Habe ich schon einmal etwas von der Qual des Suchens erfahren und durchmachen müssen? Wie beurteile ich diese Zeit im Rückblick? Was war mir eine Hilfe? Was fehlte mir?

* Bin ich bereit, auf der Suche nach dem Willen Gottes auch Phasen der Ungewißheit auszuhalten?

»Was dich innerlich bestürzt und unruhig macht, das kommt nicht von Gott; denn der Geist Gottes bringt allezeit Frieden und heitere Ruhe mit sich.«

* Ich vergleiche dieses von Mary Ward angeführte Kriterium geistlicher Unterscheidung (innere Bestürzung, Unruhe – Frieden, heitere Ruhe) mit den »Früchten des Geistes« (Gal 5,22–23).
* Nach welchen Kriterien entscheide ich Dinge, die für mein Leben einigermaßen von Gewicht sind?
* Zu bedenken ist: Ein Nachfolge-Wort Jesu kann mich durchaus in eine gottgewollte Unruhe versetzen ...

»Alle Dinge auf Gott beziehen.«

»Dienen Sie Gott mit großer Liebe und Geistesfreiheit.«

* Worin besteht der Ertrag dieser Aussprüche Mary Wards für die Suche nach dem Willen Gottes?

(2) Ein heiteres Gemüt

»In unserem Stand ist ein heiteres Gemüt, ein guter Verstand und ein großes Verlangen nach der Tugend notwendig. Das heitere Gemüt aber ist von allen dreien das Notwendigste.«

* Ein »heiteres Gemüt« ist nicht ausschließlich Sache der Veranlagung. Inwiefern ist ein »heiteres Gemüt« vom Glauben abhängig? Sehe ich bei mir Ansatzpunkte, mehr Gelassenheit und Heiterkeit einzuüben?

»Die Unsrigen sollen die Eingezogenheit der Einsiedler mit dem Eifer der Apostel vereinen.«

* Kontemplation und Aktion, Gebet und Arbeit, »Maria und Marta«: Wie gehe ich mit dieser Grundspannung geistlichen Lebens um?

»Die wahren Kinder dieser Gesellschaft sollen sich angewöhnen, nicht aus Furcht, sondern einzig nur aus Liebe zu handeln, weil sie von Gott zu einem Stande der Liebe berufen sind.«

»Die Liebe muß immer vorangehen und die Klugheit folgen. Die menschliche Klugheit und die Liebe vertragen sich nur schwer.«

* *»Handeln aus Liebe«* wird für alle Wege der Mitarbeit am Reich Gottes das Grundmotiv bleiben.

»In der Gegenwart Gottes wandeln.«

* Vorsatz für den Rest des Tages: Ich mache mir bewußt, daß ich *in der Gegenwart Gottes wandle.*
* Bibelstellen: Lk 10,38–42; Psalm 139.

(3) Gewöhnliche Dinge recht tun

»Das aber ist Wahrheit: das, was wir tun müßten, recht zu tun. Viele halten die Verrichtung gewöhnlicher Dinge für nichts. Bei uns aber ist es nicht so. Gewöhnliche Dinge recht zu tun, unsere Konstitutionen zu beobachten und alle anderen zu einem Amte oder zu einer Beschäftigung gehörenden Pflichten, seien es welche nur immer, recht zu erfüllen, das steht uns zu und das wird auch mit Gottes Gnade zur Erhaltung des Eifers dienen.«

* Die Heiligen verweisen immer wieder auf die Banalität des Alltags, auf die *Verrichtung gewöhnlicher Dinge* als Ort des Gottesdienstes. Welchen Stellenwert hat das bei mir? – Pflichtausübung ist, so bieder es klingt, schon in sich ein Weg zu Gott, wenn sie in einem bestimmten Geist geschieht. Ich muß nichts »Besonderes« leisten oder darstellen, um heilig zu werden.

»Zeige dich, wie du bist, und sei, wie du dich zeigst.«

* Welchen Weg zu Identität, zur Einheit von »Außen« und »Innen« würde Mary Ward ihren Schwestern empfehlen?
* Bibelstellen: Mt 25,14–30; Mk 7,17–23.

(4) Die Summe eines Lebens

Die Inschrift auf dem Grabstein Mary Wards lautet:

»Die Armen zu lieben,
in dieser Liebe zu verharren,
mit ihnen zu leben, zu sterben und aufzuerstehen,
dahin ging das ganze Ziel und Streben
der
Mary Ward,
welche, nachdem sie sechzig Jahre und acht Tage
gelebt hatte,
am 20. Januar 1645 starb.«

* Was möchte ich, daß einmal auf meinem Grabstein steht? Was möchte ich, daß einmal von meinem Leben als Kern übrigbleibt? Welche Summe meines Lebens strebe ich an?

Kampf um die Wahrheit als Daseinsform

Blaise Pascal (1623 – 1662)

Hinführung

Blaise Pascal, geboren 1623 in Clermont (Auvergne), war ein Genie mit vielseitigen Begabungen. Er verlor früh seine Mutter und wurde vom Vater frühzeitig in die Mathematik eingeführt. Rührt daher die Nüchternheit und Strenge seines geistlichen Lebens?

Pascals Leben und geistliche Gestalt sind von einer großen Unruhe durchdrungen. Sein Lebensgefühl ist durch den Gegensatz von Frömmigkeit und wissenschaftlichem Forschen, von Stolz und Demut, von Liebe zur Welt und Liebe zu Gott bestimmt. Den Menschen sieht Pascal in der Mitte zwischen dem Nichts und dem All, ungesichert und ausgesetzt. Das Denken, das die Größe des Menschen ausmacht, bringt ihm zugleich sein Elend zu Bewußtsein. Doch Pascal vertraut darauf, daß Gott dem Menschen die notwendige Gnade zur Rückkehr (zu Gott) gibt. In der Nacht des 23. November 1654 hat er ein Erlebnis der Gegenwart Gottes, das eine tiefe Gewißheit und Freude zur Folge hat. Danach sucht er mehr und mehr eine einfache Form der Frömmigkeit und widmet sich dem Dienst an den Armen.

Blaise Pascal, der genial Begabte, sucht mit allen Fasern seiner Existenz nach der Wahrheit – und findet sie in Jesus Christus.

(1) Der wahre Zustand des Menschen

»*Der Zustand des Menschen: Unbeständigkeit, Langeweile, Unruhe.*«

»*Das ganze Unglück der Menschen kommt aus einer einzigen Ursache: nicht ruhig in einem Zimmer bleiben zu können.*«

»*Wir denken fast gar nicht an die Gegenwart; und*

wenn wir daran denken, dann nur, damit wir aus ihr eine Einsicht erlangen, um über die Zukunft zu verfügen. Die Gegenwart ist nie unser Ziel: die Vergangenheit und die Gegenwart sind unsere Mittel; die Zukunft allein ist unser Ziel. So leben wir nie, sondern wir hoffen zu leben, und während wir uns immer in Bereitschaft halten, glücklich zu sein, ist es unvermeidlich, daß wir es nie sind.«

»Nichts ist dem Menschen so unerträglich, wie in einer völligen Ruhe zu sein, ohne Leidenschaft, ohne Tätigkeit, ohne Zerstreuung, ohne die Möglichkeit, sich einzusetzen. Dann wird er sein Nichts fühlen, seine Verlassenheit, seine Unzulänglichkeit, seine Abhängigkeit, seine Ohnmacht, seine Leere. Unablässig wird aus der Tiefe seiner Seele die Langeweile aufsteigen, die Niedergeschlagenheit, die Trauer, der Kummer, der Verdruß, die Verzweiflung.«

»Der letzte Akt ist blutig, wie schön auch die Komödie in allen übrigen Teilen ist: man wirft zuletzt Erde auf das Haupt – und damit ist es für immer zu Ende.«

»Das ewige Schweigen dieser unendlichen Räume erschreckt mich.«

* Unbeständigkeit, Langeweile, Unruhe – wie äußern sie sich in meinem Leben?
* Kann ich es mit mir aushalten?
* Worin besteht meine Strategie, mit Gefühlen der Verlassenheit umzugehen? Wie versuche ich, ihnen auf geistlicher Ebene zu begegnen?
* Ist die Endlichkeit meines Lebens ein Faktor in der »Lebensrechnung« – und zwar jetzt schon?
* Wie findet sich der Mensch nach Meinung Pascals in der Welt, im »All« vor? Kann ich die wesentliche Ungeborgenheit in Raum und Zeit nachempfinden? Beunruhigt oder erschreckt mich das?

* Bibelstelle: Ich suche in den Psalmen je ein Beispiel für die Größe bzw. die Nichtigkeit des Menschen.

(2) Suche nach Wahrheit

»Es gibt nur zwei Arten von Menschen, die man vernünftig nennen kann; jene, die Gott von ganzem Herzen dienen, weil sie ihn erkennen, oder jene, die ihn von ganzem Herzen suchen, weil sie ihn nicht erkennen.«

»Mein ganzes Herz sehnt sich, zu erkennen, wo das wahre Gut ist, damit es ihm folge; kein Preis wäre mir für die Ewigkeit zu teuer.«

* Ich versuche, Pascals Leidenschaft, sein unbedingtes Engagement in der Suche nach der Wahrheit herauszuhören.
* Frage ich radikal und konsequent genug?
* Zu welcher Art von Mensch würde ich mich zählen: zu denen, die Gott dienen, oder zu denen, die Gott suchen – jeweils von ganzem Herzen?
* Welchen Preis bin ich bereit, für die Wahrheit zu zahlen?
* Ich höre die Jesus-Frage: »Was sucht ihr?« (Joh 1,38). Was würde ich ihm antworten?

(3) Die befreiende Wahrheit: Jesus Christus

»Darum strecke ich meine Arme meinem Befreier entgegen, der viertausend Jahre vorausgesagt war und der gekommen ist, für mich zu leiden und zu sterben auf Erden.«

»Nicht allein erkennen wir Gott nur durch Jesus Christus, sondern wir erkennen auch uns selbst nur durch Jesus Christus. Wir erkennen das Leben, den Tod nur durch Jesus Christus. Ohne Jesus Christus wissen wir

121

nicht, was unser Leben noch was unser Tod, noch was Gott ist, noch was wir selbst sind.

Getsemani: *»Jesus sucht Gesellschaft und Trost unter den Menschen. Das ist einzig in seinem ganzen Leben, wie mir scheint. Aber er findet sie nicht, denn seine Jünger schlafen.*

»Jesus wird im Todeskampf sein bis zum Ende der Welt; man darf während dieser Zeit nicht schlafen. – Während seine Jünger schliefen, hat Jesus ihr Heil gewirkt.«

* Wie habe ich Jesus gesucht, wie habe ich ihn gefunden?
* Jesus ist – so der Gedanke Pascals – in Agonie bis zum Ende der Welt. Wie kann ich der Bitte Jesu »Bleibet hier und wachet mit mir« (Mt 26,38) gerecht werden, wie ihm Gesellschaft leisten?
* Bibelstellen: Joh 6,68; 14,6; Phil 3,10.

»Gott ist gegenwärtig«
Gerhard Tersteegen (1697 – 1769)

Hinführung

Gerhard Tersteegen ist »der Heilige im Protestantismus« (Walter Nigg) und vor allem als Dichter inniger geistlicher Lieder bekannt geworden (vgl. z.B. »Gotteslob« Nr. 144). Geboren 1697 in Moers, in reformierter Tradition erzogen, führte er nach einer Kaufmannslehre als Bandwirker, Erbauungsschriftsteller und Seelsorger ein zurückgezogenes Leben. Er gründete eine geistliche Bruderschaft und förderte durch Übersetzungen ein überkonfessionelles Christentum.

»Christ zu sein ist etwas Großes, oder es ist gar nichts«, sagt Tersteegen mit der Unbedingtheit des von Gottes Liebe Berührten. Im Zentrum seiner Botschaft stehen das Leben in der Gegenwart Gottes in Selbstverleugnung, Gebet, Stille, Dankbarkeit und Christusnähe.

»Die Luft, worin wir leben, ist uns nahe; die Luft ist in uns, und wir sind in der Luft; Gott ist uns unendlich näher, wir leben und schweben in Gott; wir essen, trinken, arbeiten in Gott; wir denken in Gott; und wer Sünde tut – erschrick nicht, daß ich so rede –, der sündigt in Gott. Diese Gegenwart Gottes ist unbegreiflich; wir können und müssen uns kein Bild davon machen, sondern es nur so einfältig glauben ... Gott ist uns viel inniger als das Allerinnigste in uns; da ruft er uns; da wartet er auf uns, da will er sich uns mitteilen und uns also selig machen. Auch diese Gegenwart muß man einfältig glauben, ohne sie zu begreifen, ja ohne sie allezeit empfinden zu wollen.«

* Sich von der Gegenwart Gottes »*kein Bild machen*«, sondern sie »*nur so einfältig glauben*«: Welche Schwierigkeit hat Tersteegen vor Augen?

* Jeder Mensch, also auch der Glaubende, ist und bleibt an die Sinne gebunden. Gott kann ich nicht sehen, greifen, fassen ...

* *»Ohne sie zu begreifen, ja ohne sie allezeit empfinden zu wollen ...«:* Zu unterscheiden ist die (objektive) Gegenwart Gottes, der Glaube an die Gegenwart Gottes, und die Erfahrung (die Empfindung, das Gefühl) der Gegenwart Gottes. Sie sind nicht zu verwechseln.

* Aufgrund dieser notwendigen Unterscheidung muß ich die Frage stellen: Geht es mir um Gott, oder geht es mir um meine Erfahrung Gottes? Kann ich es aushalten, eine Zeitlang die Empfindung Gottes zu entbehren, auf den *einfältigen Glauben* rückgeführt zu werden – und Gott dabei das Maß der Zeit, die Dauer bestimmen zu lassen? *»Suche nicht den Trost Gottes, sondern den Gott des Trostes«* (Franz von Sales).

* Die *»Übung der Gegenwart Gottes«* hat in der Geschichte der christlichen Frömmigkeit eine lange und gute Tradition. Sie besteht darin, sich mehrmals am Tage in die Gegenwart Gottes zu stellen und sich bewußt zu machen: Gott, du bist da, du bist nahe; ich bin in dir.

* Bibelstelle: Apg 17,27–28

»Heiligkeit in beständiger Fröhlichkeit«

Don Giovanni Bosco (1815 – 1888)

Hinführung

Zunehmende Industrialisierung, wachsendes Proletariat in den Vorstädten: Mitten in dieser schwierigen gesellschaftlichen Situation sieht Giovanni Bosco seinen Platz. Seine Kindheit – er wird 1815 in der Nähe von Turin geboren – ist vom frühen Tod des Vaters sowie von großer Armut geprägt. Schon als Jugendlicher unterhält er in seiner Freizeit Gleichaltrige mit Zauberkunststücken und gründet einen »*Club der Fröhlichen*«. Nach der Priesterweihe beginnt Giovanni Boscos Jugendapostolat. Um gegen das Elend der verwahrlosten Jugendlichen in Turin vorzugehen, errichtet er Lehrwerkstätten und Schulen, gibt unzähligen Jugendlichen ein Zuhause. Er verfaßt religiöse Schriften zur Unterweisung des einfachen Volkes und gründet eine Ordensgemeinschaft (die »*Salesianer Don Boscos*«, weil sie sich von der Spiritualität des Franz von Sales inspirieren lassen).
Giovanni Boscos »*Pädagogik der Vorsorge*« fußt auf Religion, Liebe und Vernunft. Sie will die liebende Sorge Jesu Christi, des Guten Hirten, abbilden und versteht sich so als »*assistenza*«.

(1) Fröhlich sein

»*Wir lassen die Heiligkeit in beständiger Fröhlichkeit bestehen.*«

»*Der Teufel hat vor fröhlichen Menschen Angst.*«

»*Gutes tun, fröhlich sein und die Spatzen pfeifen lassen.*«

* Worin liegt der Zusammenhang von Heiligkeit und Fröhlichkeit? Macht Don Bosco es sich zu einfach?

* Wodurch unterscheidet sich Fröhlichkeit im Sinne Don Boscos von Oberflächlichkeit oder verzweifelt angestrengtem Frohsinn?
* Mein letztes befreiendes Lachen? Wann habe ich zuletzt herzlich gelacht?
* Ein fröhlicher Mensch vermag von sich abzusehen, sich und die eigenen Probleme in die richtigen Relationen einzuordnen. Er versteht es, sich gelegentlich nicht so wichtig zu nehmen. Kann ich herzlich lachen – auch über mich selber?
* Ich bete das »Gebet um Humor« (vgl. Gotteslob Nr. 8/3).

(2) (Keine) Methode

Ein Traum, den Giovanni Bosco im Alter von 9 Jahren hatte: Er sah eine große Schar Buben, die stritten und fluchten. Mit Schlägen und Schimpfen wollte er sie zum Schweigen bringen. Da erschien ihm ein vornehm gekleideter Herr und sagte: »Nicht mit Schlägen, sondern mit Güte und Liebe wirst du sie als Freunde gewinnen.«

»Schwächen werden nicht mit Strafen behandelt, sondern mit Arzneien, und zwar nach klug bemessenen Dosen.«

»Meine Erziehungsmethode soll ich erklären? Aber wenn ich sie selbst nicht kenne? Ich bin immer so vorgegangen, wie Gott es mir eingab und die Verhältnisse es erforderten.«

»Kinder sind die Wonne Gottes.«

Über dem Eingang zu seinem Zimmer: »Jeder Augenblick ist kostbar.«

»Ich will, daß die Glieder meines Ordens wie die Maurergesellen hemdsärmelig herumlaufen!«

* Welche Anregung nehme ich aus diesen Worten Don Boscos zur »Vorgangsweise« für mein Tun, für mein Leben mit?
* An welche Stellen im Evangelium werde ich erinnert?
* Neige ich zu »Methodengläubigkeit«? Wo lasse ich mich von Methoden – auch im geistlichen Leben – einengen und vergesse dabei, daß sie Werkzeug sind?

»Man muß mit Dampf fahren!«

* Wo fehlt mir jene Kraft, die aus Entschlossenheit und Konsequenz kommt (der »letzte Biß«)?
* Um mit *Dampf fahren* zu können, braucht es den Leib. Viele »Durchhänger« – auch im geistlichen Leben – beruhen auf einem Mißachten der leiblichen Komponente. Bemühe ich mich um einen adäquaten körperlichen Ausgleich?
* Wer *mit Dampf fährt,* muß gelegentlich darauf achten, andere nicht zu überfahren; muß darauf achten, den Bogen nicht zu überspannen.
* Bibelstellen: Jes 58,6–8; Mt 15,32; Joh 10,11–18.

»Führ, freundliches Licht«

John Henry Newman (1801 – 1890)

Hinführung

Der 1801 geborene englische Theologe konvertierte von der
anglikanischen Kirche zum Katholizismus, war Begründer
und Vorsteher eines Oratoriums (Lebensgemeinschaft von
Weltpriestern) in Birmingham und wurde 1879 zum Kardinal
ernannt. Als 15jähriger wurde Newman eine Gotteserfahrung
zuteil, nach der er seine Wünsche der Gewissenseinsicht in
Gottes Führung unterordnete.

Einige seiner Leitsätze waren: *»Heiligkeit kommt vor dem
Frieden«*, *»Wissen ist nichts im Vergleich zum Handeln«*,
»Führ, freundliches Licht«, *»Wachstum ist der einzige Beweis für Leben«*. Newmans geistliche Botschaft beinhaltet
u.a. die sorgfältige Beachtung der Gewissensweisung (das
»innere Licht«), die Möglichkeit, Krankheiten als Eingriffe
Gottes zum Heil des Menschen biographisch zu deuten, sowie den »einfachen Weg zur Heiligkeit« (durch schlichte Erfüllung der alltäglichen Pflichten).

»Beherzigt es, meine Brüder,

*ein jeder, der atmet, hoch und niedrig, gelehrt und un-
gelehrt, jung und alt, Mann und Weib, hat eine Sendung, ein Werk. Wir sind nicht umsonst in diese Welt
gesandt, wir sind nicht zufällig geboren. Wir sind nicht
hier, um abends zu Bett zu gehen und morgens aufzu-
stehen ...*

*Aber so gleich und einander ähnlich wir uns als Men-
schen sind, jeder hat zur Stunde seinen besonderen Teil
am Ganzen, jeder sein Werk, jeder seine Sendung –
nicht um seinen Leidenschaften zu frönen, ... nicht um
selbstsüchtig und eigenwillig zu sein, sondern zu tun,
was Gott ihm aufgetragen hat ...*

Gott hat mich für einen bestimmten Dienst geschaffen; er hat mir ein Werk anvertraut, das er keinem anderen anvertraute. Ich habe meine Sendung – und mag ich sie das ganze Leben hindurch nicht erkennen, so wird man sie mir im nächsten Leben sagen.

Irgendwie bin ich notwendig für Gottes Ratschlüsse, so notwendig an meines Stelle wie ein Erzengel an der seinen.«

* Newman spricht hier nicht vom »Sinn des Lebens«, sondern von »*Sendung*« und »*Werk*«. »*Sendung*« bedeutet Hinordnung auf ein Du, »Leben für« (den Mitmenschen, die Welt, die Gemeinschaft).

* Hat schon jemand einmal zu mir gesagt: »Ich brauche dich«? Habe ich das schon einmal jemandem gesagt?

* Ich bin »*nicht umsonst in diese Welt gesandt*«: Ich darf und muß davon ausgehen, daß auch ich eine Sendung, eine Aufgabe, einen Platz im Ganzen habe. Newman: »*Gott hat mich für einen bestimmten Dienst geschaffen; er hat mir ein Werk anvertraut, das er keinem anderen anvertraute.*«

* Wie stelle ich mir vor, daß dieser Platz zu finden ist? Welche (menschlichen, geistlichen) Bedingungen sind notwendig, um meine Sendung suchen, finden und erkennen zu können?

* Traue ich meinem Nächsten zu, daß auch er seinen Platz einnimmt, seine Sendung, sein Werk hat? Erlaube ich es ihm? Helfe ich ihm bei der Suche?

* Newman spricht von der Möglichkeit, die eigene *Sendung das ganze Leben hindurch nicht zu erkennen.*

* Ich versuche, betend den Gedanken auszuloten: Gott braucht mich, ich bin notwendig für Gott, Gott rechnet mit mir.

* Bibelstelle: Jes 6,8

»Er schenkt uns seinen Himmel umsonst«

Therese von Lisieux (1873 – 1897)

Hinführung

Therese Martin (Therese von Lisieux, die *»Kleine Therese«*) verlor früh ihre Mutter. Daß ihre älteste Schwester (ihr Mutterersatz) in den Karmel eintrat, verkraftete sie nur schwer. Eine Marienvision brachte nicht nur Heilung von unerklärlichen gesundheitlichen Problemen, sondern festigte in ihr (trotz einer Anlage zur Traurigkeit) das Vertrauen, von Gott geliebt zu sein. Therese setzte es durch, als 15jährige in den Karmel von Lisieux aufgenommen zu werden. Sie litt bald nach ihrem Klostereintritt unter Glaubenszweifeln, die sich gegen Ende ihres kurzen Lebens zu einer radikalen Anfechtung des Glaubens verdichteten. Das Leid stand im Zentrum ihres Lebens: Therese ertrug es als Mit-Leiden mit Jesus; nicht aus krankhafter Freude am Leid, sondern aus Liebe zu Jesus. Das Leben Thereses war schon zu Lebzeiten ein Gegenstand von Verzeichnungen. Die liebliche Sprache ihrer Briefe und ihrer Autobiographie, die, wie die neuere Forschung zeigt, Ergebnis einer Fälschung ist, verdeckte lange Zeit die klare, herbe Theologie ihrer Botschaft. Therese kann das zeitgenössische düstere Gottesbild überwinden, indem sie jeder Leistungsfrömmigkeit das biblische Vertrauen und Hoffen auf den Gott der Liebe und des Erbarmens entgegenstellt. Sie lehrt den sog. *»Kleinen Weg der geistigen Kindheit«:* Von Gottes Liebe getragen, vermag der Mensch das Kleinste in großer Weise zu tun.

(1) Geschaffen für die Liebe

»Lieben wir, denn unser Herz ist nur dazu geschaffen.«

* Ich erinnere mich anhand dieses Satzes erneut an meine göttliche Herkunft, an meine Würde und an meine Sendung – und an die jedes Menschen. Ich bin zur Hingabe fähig und berufen, zum Bekenntnis der Kleinen Therese zu finden: *»Mein Gott, ich liebe dich.«*

»Gewiß kann man fallen, kann Treulosigkeiten begehen; aber die Liebe weiß ja aus allem Nutzen zu ziehen.«

* Ich nehme diesen Satz als Devise für die Auswertung des Tages.

»Er schenkt uns seinen Himmel umsonst.«

»Es gibt eine Wissenschaft, die er nicht kennt: das Rechnen.«

* Welcher Lebensvollzug, welches Tun hilft mir, mehr Selbstvergessenheit an Stelle des Aufrechnens einzuüben?
* Welche meiner persönlichen Beziehungen sind unterschwellig von Berechnung gesteuert?
* Welcher Mensch in meinem Bekanntenkreis steht mir vor Augen, in dessen Leben das Rechnen und Auflisten keine Rolle spielt? Der das *Umsonst* der Liebe Gottes lebt?
* Bibelstellen: Jes 55,1; Lk 6,31–36; 12,13–21; Röm 5,11; 13,8; 2 Kor 9,11.

»Man erhält von Gott soviel, als man von ihm erhofft.«

* Ich prüfe meine Erwartungshaltung an den Glauben, an Gott. Wie steht es um die Kapazität meiner Hoffnung?

»Häufig, wenn ich den Himmel bitte, mir beizustehen, fühle ich mich am meisten verlassen.«

»Ich wünsche nicht die fühlbare Liebe; es genügt mir, daß sie für den Herrn fühlbar sei.«

* In welcher Lebensphase begleiteten mich längere Zeit hindurch Gefühle der Verlassenheit – gerade auch im Gebet?

* Daß Gott nicht einfach da ist, wenn der Mensch ihn ruft: Was sagt mir das über das Wesen Gottes und über das Verhältnis von Gott und Mensch?

»Ich habe Gott stets nur Liebe gegeben; er wird mir mit Liebe vergelten. Nach meinem Tode werde ich einen Rosenregen fallen lassen.«

* Ich schreibe ein Gebet, das eine Art »Geistliches Vermächtnis« darstellt, und lege es in meine Bibel oder in mein Tagebuch.

(2) Der »kleine Weg«

»Aus Liebe eine Stecknadel aufheben kann eine Seele bekehren. Welches Geheimnis! ... Jesus allein kann unserem Tun einen solchen Wert verleihen; lieben wir ihn also mit allen unseren Kräften.«

»Er braucht weder unsere hervorragenden Werke noch unsere schönen Gedanken.«

»Der Herr verlangt keine Großtaten, sondern nur Hingabe und Dankbarkeit.«

»Unser Herr sieht nicht so sehr auf die Größe unserer Handlungen, nicht einmal auf ihre Schwierigkeit, als vielmehr auf die Liebe, mit welcher wir sie verrichten.«

»Es ist deshalb für mich gar nicht notwendig, zu wachsen; im Gegenteil, ich muß ganz klein bleiben, ja, es mehr und mehr werden.«

* Ich versuche, den »kleinen Weg« für mein Leben zu verstehen und dahinein zu übersetzen. Wo und wie kann ich Liebe zu Jesus zeigen?

* Wo stehe ich in der Gefahr, auf der Suche nach dem »großen Wurf« die kleine Gelegenheit, das Naheliegende, die konkrete Verwirklichung im Jetzt des Alltags zu übersehen?

»Ich wähle alles.«

* Der »kleine Weg« Thereses ist nichts für »kleine Geister«, ist kein Weg der Mittelmäßigkeit. Ich überprüfe meine Vorstellungen von »klein« und »groß«, »bedeutsam« und »unwichtig«. Wie deutet die Bibel und mit ihr Therese von Lisieux diese Kategorien? Inwiefern ist der »kleine Weg« der größte?

»Je mehr man sich Gott nähert, desto einfacher wird man.«

»Ich erkannte bald, daß man sich, je mehr man voranschreitet, um so weiter vom Ziel entfernt glaubt.«

* Die Einfachheit – im Gegensatz zur komplizierten Verstiegenheit und zum gekünstelten Konstrukt – ist ein ziemlich verläßliches Kriterium der »Unterscheidung der Geister«. Bin ich (soweit ich es beurteilen kann) auf meinem Weg des Glaubens einfacher geworden?
* Behalte ich mein Ziel im Auge – unabhängig von meinem subjektiven Empfinden, davon weit entfernt zu sein?
* Bibelstellen: Mt 5,3–12; 18,1–5; Lk 7,47.

Wiederholungsbetrachtung

Zur Erinnerung hier nochmals der Hinweis des Ignatius von Loyola: In der »Wiederholungsbetrachtung« sollen »jene Teile beachtet werden, bei denen die *Person eine bestimmte Erkenntnis, Tröstung oder Trostlosigkeit verspürt hat*«.

Im Rückblick auf die letzte Woche (oder auf die letzten drei Wochen) beschäftige ich mich nochmals mit jener Persönlichkeit, die mich am meisten fasziniert hat. Wer hat mich am meisten angesprochen? Warum? Ich versuche, dem nachzuspüren.
Eine andere Möglichkeit: Ich nehme mir noch einmal jene Tageseinheit her, die mir im ersten Anlauf schwer zugänglich war.
Die Wiederholung kann auch darin bestehen, daß ich in einem Brief an meine(n) Begleiter(in) die Eindrücke und Erfahrungen der letzten Zeit niederlege.

Zur sechsten Woche

Der bisherige Verlauf der Exerzitien machte eines deutlich: Jede(r) Heilige erfüllt in einer ganz bestimmten Weltstunde einen konkreten und einmaligen Auftrag Gottes. Jedes Leben der Jesus-Nachfolge nährt sich aus einer bestimmten Sendung. Es wäre interessant, diesen Aspekt bei den einzelnen nochmals durchzubuchstabieren. Die Überschriften bieten dafür eine gewisse Orientierung.

Man könnte also sagen: »*Heilige sind Menschen, die das in ihrer Zeit tun, was Jesus tat*«: Damit bedeuten sie für die Gemeinschaft der Glaubenden ein »fünftes Evangelium« – geschrieben aus Fleisch und Blut. Die Gnade ist konkret! Die Heiligen sind Modelle christlichen Lebens, weil an ihnen ablesbar ist, wie der Weg der Nachfolge geschichtlich-konkret aussehen kann. Sie weisen jeweils auf einen Aspekt des Evangeliums und der Nachfolge hin, der für ihre Gegenwart eminent wichtig ist – und darüber hinaus für alle Zeit.

Wenn »Sendung, Erfüllung eines Auftrags« zu jedem christlichen Leben gehört, muß es das auch für mich geben. Viele Heilige suchten lange danach. Es ist ein Leben mit der Frage: Was will Gott für mich? In welcher Form, in welchem Leben soll ich heute Jesus nachfolgen? Dazu braucht es neben der Haltung des Hinhörens auf Gott die notwendige Tugend der Phantasie.

Die sechste Woche führt uns in das 20. Jahrhundert und weiter in die jüngste Vergangenheit. Durch das Aufeinanderprallen von weltanschaulichen Systemen (die »Heilslehren« des Kommunismus, des Nationalsozialismus) sowie durch den Fortschritt von Wissenschaft und Technik gerät die Welt in Bewegung – in einem Tempo wie nie zuvor. Wie antworten Männer und Frauen in der Jesus-Nachfolge auf die sich rasch ändernde Situation?

135

* *Charles de Foucauld* sucht lange seinen Weg. Dieser Weg führt ihn in die Wüste Sahara zum Volk der Tuareg. Unter ihnen möchte Bruder Karl »*den letzten Platz einnehmen*« und Bruder aller Menschen sein.

* *Hildegard Burjan* sieht die Versäumnisse der Kirche in sozialen Fragen. Ihre Antwort auf die soziale Not besteht in konkreter Sozialarbeit sowie in politischem Engagement.

* *Helmuth James Graf von Moltke* und *Rupert Mayer* kämpfen bis zur letzten Konsequenz gegen das NS-Regime. Dabei stehen menschliche Würde und Freiheit insgesamt auf dem Spiel. Darüber hinaus geht es um die Frage: Wer darf Anspruch auf den Menschen erheben?

* *Teilhard de Chardin* ist zutiefst betroffen von der Welt, von der Materie, vom Universum als Schöpfung Gottes. Sein Anliegen ist die Bejahung und Vergöttlichung der Kräfte dieser Erde.

* *Madeleine Delbrêl* sucht nach dem Gebet in einem weltlichen Leben. Sie ahnt: Nicht ausgefallene Rezepte führen weiter, sondern die Bereitschaft, sich in der Armut eines banalen Lebens von Gott finden zu lassen.

* *Martin Luther King* lebt und stirbt der Seligpreisung Jesu: »Selig, die keine Gewalt anwenden« (Mt 5,5).

»Bruder aller Menschen«

Charles de Foucauld (1858 – 1916)

Hinführung

Charles de Foucauld, dessen Eltern früh verstarben, verliert mit 16 Jahren den Glauben. Die Offizierslaufbahn führt ihn nach Algerien, doch er wird aus der Armee entlassen. Sein haltloses Leben bekommt eine Richtung, als er sich freiwillig zu einem Militäreinsatz gegen aufständische Algerier meldet: Er bewährt sich als Führer und wird von der Urlandschaft Wüste in Bann gezogen. Nach unruhiger Suche, in der die Frage nach Gott eine immer zentralere Rolle spielt, erlebt Charles de Foucauld 1886 seine Bekehrung und legt seine Lebensbeichte ab: *»Sobald ich wußte, daß Gott existiert, konnte ich nur noch für ihn leben.«* Nach und nach erkennt *»Bruder Karl«* seine Berufung: *»Bruder aller Menschen sein«* auf dem *»letzten Platz«*; das verborgene Leben Jesu in Nazaret nachleben, vor allem unter den verlassensten Menschen; unter den Menschen, die der Wortverkündigung unzugänglich sind, *»das Evangelium von den Dächern rufen durch sein Leben«*; den Stellenwert der *»Wüste«* für ein geistliches Leben hervorheben; Anbetung und Gastfreundschaft.
Heute leben viele Menschen im Geiste Bruder Karls. Kennzeichen dieser Spiritualität sind: sehr persönliche Beziehung zu Jesus im Wort der Schrift und in der Eucharistie, möglichst einfache Lebensführung, geschwisterliche Hinwendung zu den Mitmenschen, besonders zu den Vernachlässigten, den »letzten Platz« einnehmen.

(1) Jesus genügt

»Mein Gott, wenn es dich gibt, laß es mich erkennen!«

* So betete Bruder Karl oft in der Pariser Kirche St. Augustin vor seiner Bekehrung 1886. Was sagt mir dieses Gebet über den Zusammenhang von Zweifel und Glaube?

»*Sobald ich wußte, daß Gott existiert, konnte ich nur noch für ihn leben.*«

* Wie läßt sich die Entschiedenheit und Kompromißlosigkeit dieser Überzeugung in mein Leben übersetzen? Leidenschaft für Gott – kenne ich das?

»*Jesus genügt: Wo er ist, fehlt nichts.*«

* Ist mir dieser Satz zugänglich? Ist mir diese Wahrheit schon einmal bruchstückhaft aufgegangen?

»*Wenn man die Menschen liebt, lernt man Gott lieben. Das Mittel, die Liebe zu Gott zu erlangen, ist Liebe zu den Menschen üben.*«

* Der Zusammenhang von Gottesliebe und Nächstenliebe, den Bruder Karl hier betont, ist möglichst konkret zu »erden«: »*Die Menschen lieben*« ist leicht, einen Menschen oder mein konkretes Umfeld lieben, bejahen und achten – und das auf Dauer – dagegen schwer. Werden meine gedanklichen oder verbalen Höhenflüge durch mein Tun eingeholt?

»*Wenn wir nicht aus dem Evangelium leben, lebt Jesus nicht in uns.*«

* Bruder Karl war fasziniert vom verborgenen Leben Jesu in Nazaret. Was kann mir dieser Lebensabschnitt Jesu für mein Christsein sagen?
* Bibelstellen: Lk 2,39–40; 3,23; 4,16; Mk 6,3.

(2) Gebet

»*Das beste Gebet ist jenes, das am meisten Liebe enthält.*«

* Ich präge mir diesen Satz ein für den Fall, daß ich – wieder einmal – »unzufrieden« bin mit meinem Gebet.

»Zwei Dinge sind nötig, damit unser Leben ein Leben des Gebetes sei: erstens müssen wir jeden Tag eine hinlängliche Zeit ausschließlich dem Gebet einräumen, und zweitens müssen wir während der Stunden, in denen wir anderen Beschäftigungen nachgehen, eins bleiben mit Gott, uns seiner Gegenwart bewußt bleiben.«

* Mein Leben – »*ein Leben des Gebetes*«?
* Ich überlege, was »*eine hinlängliche Zeit*« für mich in meinen Lebensbedingungen bedeuten könnte.
* Ich nehme mir vor, die »Übung der Gegenwart Gottes« nicht aus dem Auge zu verlieren.
* Bibelstellen: Lk 18,1; 1 Thess 5,17.

(3) Sich selber neugestalten

»Ich glaube nicht, daß wir viel reden noch viel schreiben sollten, sondern wir müssen uns selber neugestalten.«

* »*Uns selber neugestalten*« – wo sollte ich derzeit ansetzen? Ist mir genügend bewußt, daß ich die Verantwortung für die Gestalt meines (geistlichen) Lebens selber trage?

»Nicht durch immer neue Vorsätze werde ich besser, vielmehr dadurch, daß ich die einmal gefaßten Vorsätze, von denen ich weiß, sie sind Gott angenehm, treu halte.«

* Ich rekapituliere meine Erfahrung mit Vorsätzen. Warum verlaufen diese nicht selten im Sande? Wie läßt sich herausfinden, daß ein gefaßter Vorsatz *Gott angenehm* ist?
* Bibelstelle: Röm 7,18–20

»*Mißtrauisch gegen sich selbst sein, wenn man über andere urteilt.*«

* Warum rät Bruder Karl in diesem Fall zu Mißtrauen gegen sich?

»*Wirf hinter dich, was klein ist, und versuche, in großer Höhe zu leben, nicht aus Hochmut, sondern aus Liebe.*«

»*Der Anblick meines Nichts hilft mir, anstatt mich zu betrüben, mich zu vergessen und nur an den zu denken, der alles ist.*«

* Was ist noch allzu *klein* in mir, entspricht noch nicht der Höhe, Größe und Weite der Liebe Gottes? – Ich bitte den Herrn um einen entschiedenen Blick nach vorne, um das bewußte Abwehren jeder Mutlosigkeit angesichts des eigenen *Nichts.*
* Bibelstellen: Röm 2,4; 12,11; Phil 3,12–14.

»Den Mut haben, vom Leben zu lernen«

Hildegard Burjan (1883 – 1933)

Hinführung

Hildegard Burjan wurde 1883 in Görlitz an der Neisse (ehem. Preußisch-Schlesien) geboren. Sie studierte Germanistik und Philosophie in Zürich sowie Sozialpolitik und Nationalökonomie in Berlin. Nach ihrer Heirat und einer schweren Erkrankung fand sie, jüdischer Abstammung und konfessionslos erzogen, zum katholischen Christentum: Sie ließ sich taufen.

Nach der Übersiedelung nach Wien entdeckte Hildegard Burjan an der Not der Heimarbeiterinnen ihren Auftrag: die soziale Arbeit. Sie wurde Abgeordnete zum Österreichischen Nationalrat und profilierte sich als Sozialpolitikerin. 1919 gründete sie eine geistliche Schwesterngemeinschaft, die Caritas Socialis: *»Wir wollen etwas Neues, nicht etwas bereits Bestehendes, sondern der Zeitnot angepaßt; keine Klausur oder eingeengt sein durch klösterliche Formen, sondern beweglich und immer einsatzbereit für jede Not, die auftaucht.«*

Hildegard Burjan ist ein Beispiel dafür, wie »Mystik« und »Politik« einander bedingen: Wer ein weites Wirkungsfeld hat, muß weit nach innen gehen, seinem Gott entgegen.

Für diesen Tag empfiehlt sich wieder, eine Auswahl der Texte und Anregungen vorzunehmen.

(1) Suche nach Gott

Hildegard Burjan hört als Kind betende Klosterfrauen im benachbarten Klostergarten und fragt: *»Wo ist Gott? Ich will auch zu Gott beten.«*

»Gott, wenn Du bist, zeige Dich mir!«

»O Schwestern, Ihr wißt nicht, wie glücklich Ihr seid,

im wahren heiligen Glauben aufgewachsen zu sein; ich mußte Gott erst suchen; wie oft habe ich Tränen geweint und gefleht: O Gott, laß mich Dich finden!«

* Mußte ich im Glauben eine ähnliche Suchbewegung durchmachen wie Hildegard Burjan und mit ihr viele Heilige?
* Lebe und glaube ich mehr auf der Seite der »Glaubensgewißheit« oder mehr auf der Seite des angefochtenen Glaubens?
* Weiß ich um den Wert, um die Kostbarkeit des (meines) Glaubens?
* Was ist mir im Glauben durch mein Suchen teuer geworden?
* Bibelstellen: Psalm 42; 63.

(2) Vom Leben lernen – Wachsen

»Es gibt nur das Eine, daß man jeden Tag mit viel Vertrauen und Gebet sich von neuem bemüht, ein kleines Stück dem lieben Jesus näher zu kommen, in Seiner Liebe zu wachsen!«

»Ich bin immer für ein vertrauensvolles Vorwärts- und Aufwärtsschreiten – es geht schon voran, wenn man es auch vor lauter Sorgen nicht immer merkt.«

»Sehr recht hatten Sie darum, daß Sie von Ihrem inneren Fortschritt nicht zuviel auf einmal verlangen dürfen. Wir müssen vom göttlichen Herzen Geduld lernen, auch mit uns selbst.«

»Jeder Mensch muß seine ureigensten Erfahrungen machen, und wir wollen möglichst wenig uns durch andere beirren und unruhig machen lassen.«

»Die Menschen müssen ihre Frömmigkeit so gestalten können, wie es ihrem innersten Wesen entspricht.«

142

»Wir müssen den Mut haben, vom Leben zu lernen.«

* Glaube ist nichts Spektakuläres, sondern eine tägliche Vertrauensübung, um darin *»ein kleines Stück Jesus näher zu kommen«:* Bin ich bereit zu dieser schlichten Bemühung, ohne die nichts wächst?

* *»Vom göttlichen Herzen Geduld lernen, auch mit uns selbst«:* Welche Bibelstellen fallen mir dazu ein? – Wo bin ich auf Geduld angewiesen?

* Hildegard Burjan plädiert für einen je persönlichen »Stil« der Frömmigkeit. Wie würde ich »meine« Frömmigkeit, meinen Zugang zu Jesus Christus, zum Beten beschreiben?

* *»Vom Leben lernen«* – inwiefern erfordert das Mut?

* Bibelstelle: Röm 15,5

(3) An Schwierigkeiten reifen

»Glauben Sie mir, daß ich Sie ganz verstehe und selbst wohl wie ganz wenige Menschen weiß, wie unsagbar schwer das Leben sein kann.«

»Es gehört zum Beruf ... eines jeden für Gott sozial arbeitenden Menschen, daß er das Unangenehme erträgt und trotz allem für das Reich Gottes aufzubauen sich bemüht.«

»Wir brauchen Menschen, die sich nicht abschließen wollen von den Gefahren des Lebens, die diese selbst bekämpfen wollen, die beten und nach innigster Vereinigung mit Gott streben, die doch bestimmt ... wissen, daß alles Werk Schall und Rauch ist, wenn es nicht wahrhaft vom Heiligen Geist geführt ist.«

»Für jeden Menschen ist das ganze Leben ein Kampf, und ob man es ihm anmerkt oder nicht: Jeder geht langsam den steinigen Kreuzweg hinan. Und danken wir Gott, wenn Er uns durch Opfer Gelegenheit gibt,

damit es aufwärts gehe und Sein Licht immer mehr unsere Fehler erkennen läßt.«

»Ohne Schwierigkeiten hätte das Leben gar keinen Inhalt, und wir würden nichts für den lieben Gott tun können. Wenn also immer welche kommen, so denken Sie, daß das gerade für Sie eine besondere Bevorzugung ist.«

* »Das Unangenehme ertragen« – und dennoch ein (das Reich Gottes) aufbauender Mensch bleiben: Wie »geht« das? Woher die Kraft und die Motivation dazu nehmen? Worin besteht der Unterschied zur (vulgär-)psychologischen Strategie des »positiven Denkens«?
* »Sich abschließen von den Gefahren des Lebens«: Wo neige ich dazu, mir eine heile Scheinwelt aufzubauen?
* »Das ganze Leben – ein Kampf«: Sehe ich das auch so? Kann ich das bestätigen? Welche Auseinandersetzung, welche Schwierigkeit, welche Arbeit ... hat mich das schon gelehrt? Inwiefern sieht Hildegard Burjan darin eine Möglichkeit, etwas »für den lieben Gott zu tun«?
* Bibelstellen: 2 Kor 1,3–8; 4,7–18; 12,1–13.

Gott demonstriert seine Gegenwart

Helmuth James Graf von Moltke (1907 – 1945)

Hinführung

»Seitdem der Nationalsozialismus zur Macht gekommen ist, habe ich mich bemüht, seine Folgen für seine Opfer zu mildern und einer Wandlung den Weg zu bereiten. Dazu hat mich mein Gewissen getrieben – und schließlich ist das eine Aufgabe für einen Mann.«
Moltke, geboren 1907 in Kreisau in Schlesien, war Initiator und geistiger Kopf des »Kreisauer Kreises«. Dort, auf seinem Gut, sammelten sich Vertreter des »anderen Deutschlands«, des Widerstands aus allen Lagern. Man wollte das Wiedererstehen Deutschlands aus der als unabwendbar vorausgesehenen Katastrophe vorbereiten. Moltke warnte einen Freund vor dessen bevorstehender Verhaftung, wurde daraufhin selber verhaftet, vom Volksgerichtshof zum Tode verurteilt und am 23. Januar 1945 hingerichtet.
Die Texte sind den letzten Briefen an seine Frau entnommen.

»Gott läßt mich in unerhörter Tiefe den Abschiedsschmerz und die Todesfurcht und die Höllenangst erleben, damit auch das vorüber ist. – Dann stattet er mich mit Glaube, Hoffnung und Liebe aus, mit einem Reichtum in diesen Dingen, der wahrlich überschwenglich ist.«

»Es ist nun noch ein schweres Stück Weges vor mir, und ich kann nur bitten, daß der Herr mir weiter so gnädig ist, wie er war ... Dank, mein Herz, vor allem dem Herren, Dank, mein Herz, Dir für Deine Fürbitte, Dank allen anderen, die für uns und für mich gebetet haben. Dein Mann, Dein schwacher, feiger, komplizierter, sehr durchschnittlicher Mann, der hat das erleben dürfen. Wenn ich jetzt gerettet werden würde ..., so muß ich sagen, daß ich erst einmal mich wieder

zurechtfinden müßte, so ungeheuer war die Demonstration von Gottes Gegenwart und Allmacht. Er vermag sie eben auch zu demonstrieren, und zwar ganz unmißverständlich zu demonstrieren, wenn er genau das tut, was einem nicht paßt.«

»Ich habe ein wenig geweint, eben, nicht traurig, nicht wehmütig, nicht, weil ich zurück möchte, nein, sondern vor Dankbarkeit und Erschütterung über diese Dokumentation Gottes. Uns ist es nicht gegeben, ihn von Angesicht zu Angesicht zu sehen, aber wir müssen sehr erschüttert sein, wenn wir plötzlich erkennen, daß er ein ganzes Leben hindurch am Tag als Wolke und bei Nacht als Feuersäule vor uns hergezogen ist, und daß er uns erlaubt, das plötzlich in einem Augenblick zu sehen. Nun kann nichts mehr geschehen ...«

»Zu welch einer gewaltigen Aufgabe ist Dein Mann ausersehen gewesen: all die viele Arbeit, die der Herrgott mit ihm gehabt hat, die unendlichen Umwege, die verschrobenen Zickzackkurven, die finden plötzlich in einer Stunde am 10. Januar 1945 ihre Erklärung. Alles bekommt nachträglich einen Sinn, der verborgen war ... Für diese eine Stunde hat der Herr sich all diese Mühe gegeben« (Über die Stunde vor dem Volksgerichtshof).

* Welche Stimmungen erlebt Moltke und wie benennt er sie?
* Welche Voraussetzungen braucht es, daß ein Mensch im Angesicht des gewaltsamen Todes dennoch den Dank übt?
* Wie deutet Moltke den Gang der Ereignisse? Inwiefern sind sie eine *Demonstration von Gottes Gegenwart?*
* Worin sieht Moltke die Führung Gottes?
* Habe ich schon einmal erlebt, daß mir in einer ausweglos erscheinenden Lage Kraft zukam – und ich wußte nicht, woher?

* Ignatius von Loyola rät (vgl. Exerzitienbuch Nr. 186), anläßlich einer gewichtigen Entscheidung sich in die eigene Todesstunde zu versetzen und zu fragen: Wie wünschte ich, daß ich dann entschieden hätte?

* Ich schließe die Einheit des Tages mit einem Gebet für verfolgte Christen und für all jene, die aus Gewissensgründen oder wegen ihres Einsatzes für die Einhaltung der Menschenrechte inhaftiert sind.

»Die Wahrheit muß gesagt werden«

Rupert Mayer SJ (1876 – 1945)

Hinführung

Der Münchner Großstadtseelsorger, Helfer der Notleidenden und mutige Widerstandskämpfer gegen die NS-Diktatur, wurde 1876 in Stuttgart geboren. Nach Theologiestudium, Priesterweihe und Eintritt in den Jesuitenorden mit der dazugehörigen Ausbildung wirkte Rupert Mayer als Volksmissionar. Eine schwere Verwundung im 1. Weltkrieg führte zum Verlust seines linken Beines. Er widmete sich der Caritas- und Predigtarbeit in München. 1937 mit Redeverbot für das gesamte Reichsgebiet belegt, wurde P. Mayer mehrmals durch die Gestapo verhaftet und 1940 bis 1945 unter Hausarrest in der Abtei Ettal gestellt. Nach Kriegsende kehrte er nach München zurück und nahm die Seelsorgetätigkeit wieder auf. Am Allerheiligentag 1945 ereilte ihn während des Gottesdienstes ein Gehirnschlag, an dem er wenig später starb: »*Am Altare während seiner Predigt berührte ihn der Engel Gottes*« (Worte auf dem Sterbebild).
Rupert Mayer war ein Mensch, der seinen Glauben konsequent lebte, der vor Lüge und Gewalt nicht umfiel und dem die Wahrheit über alles ging.

(1) Die Interessen Gottes

»Sie können mich totschießen, das ist mir egal, aber die Wahrheit muß gesagt werden!«

»Der Herrgott hat das erste Anrecht auf uns. Wir sind vollständiges Eigentum von ihm. Mit Leib und Seele gehören wir ihm an. Deswegen darf ich nie etwas tun, auch wenn es der Staat verlangt, was gegen Gottes Willen ist. Gottes Rechte sind die tiefen und eingeschaffenen, die geheiligten. Und wenn der Staat von mir anderes verlangt, was ich nicht tun darf von Gott aus, dann ist es aus und vorbei mit der Autorität des Staates.«

*»Nie dürfen wir für einen faulen Frieden eintreten. Wo
die Interessen Gottes in Frage stehen, hört der Friede
auf.«*

*»Ein alter einbeiniger Jesuit lebt, wenn es Gottes Wille
ist, länger als eine tausendjährige gottlose Diktatur.«*

* Unsere politisch-gesellschaftlichen Rahmenbedin-
gungen sind nicht jene P. Rupert Mayers. Wodurch ist
mein Umfeld geprägt? Wo ist mein unbedingtes Eintreten für die Wahrheit gefragt?
* Worin bestehen die Interessen Gottes? Ich versuche,
diese Frage von der biblischen Botschaft her zu beant-
worten.
* Wo sehe ich die Interessen Gottes in der Welt von
heute massiv gefährdet?
* Bibelstellen: Lk 8,17; Apg 4,20.23–31; 5,29.

(2) Der Schlüssel zur Heiligkeit

*»Niemand kann sagen: Heiligkeit ist zu hoch für mich.
Es gehören dazu keine auffallenden Heldentaten, kein
besonderes Lebensalter, keine bestimmten Verhältnisse und kein todernstes Gesicht. Nach außen merkt
man gar nichts; freilich, mit der Zeit wird es durchdringen. Gott im Herzen und Gott vor den Augen – in
diesem Wort liegt der Schlüssel zur Heiligkeit.«*

* *Gott im Herzen und Gott vor den Augen* – ein Leitsatz
P. Rupert Mayers. Wie würde ich den *Schlüssel zur Heiligkeit* beschreiben? Worauf kommt es an? Worauf
kommt es nicht an?

*»Das eine kann ich ruhig sagen: Langweilig war mein
Leben nicht.«*

* Ich kontrastiere diesen Satz eines Heiligen mit der
landläufigen Vorstellung von Heiligkeit.

»Wir müssen alles Harte und Abstoßende in eine liebenswürdige, feine Art umformen, um die Menschen für Christus zu gewinnen und die Religion den Menschen liebenswert zu machen.«

* Ich bitte den Herrn um die Gnade der Selbsterkenntnis, *alles Harte und Abstoßende* in mir wahrzunehmen. Damit beginnt der Weg der *Umformung.*
* Ist die Art und Weise, wie ich meine Religion, das Christentum, lebe, *liebenswert?* Gewinnend?

»Es gibt wenig Menschen, die alles auf die Karte Gottes setzen.«

* *Alles auf die Karte Gottes setzen:* Gilt das für vereinzelte Knotenpunkte des Lebens, für Situationen der Entscheidung? Ist dies eine Devise für den Alltag? Was hält mich davon ab, das zu tun?
* Zum Abschluß der Tageseinheit bete ich dieses von P. Rupert Mayer verfaßte Gebet:

»Herr, wie du willst, soll mir geschehn,
und wie du willst, so will ich gehn,
hilf deinen Willen nur verstehn.

Herr, wann du willst, dann ist es Zeit,
und wann du willst, bin ich bereit,
heut und in alle Ewigkeit.

Herr, was du willst, das nehm ich hin,
und was du willst, ist mir Gewinn,
genug, daß ich dein eigen bin.

Herr, weil du's willst, drum ist es gut,
und weil du's willst, drum hab ich Mut,
mein Herz in deinen Händen ruht.«

»Liebe zum Himmel und Liebe zur Erde«

Pierre Teilhard de Chardin SJ (1881–1955)

Hinführung

P. Teilhard de Chardin, geboren 1881 in der Vulkanlandschaft der Auvergne, fühlte sich schon früh von der »Materie« fasziniert. Er trat in den Jesuitenorden ein und absolvierte nach seiner Priesterweihe 1911 ein naturwissenschaftliches Spezialstudium in Paris. Schon als Sanitätssoldat im 1. Weltkrieg entwarf er seine ersten grundlegenden Schriften, die bald den Widerstand seiner Vorgesetzten im Orden und in Rom hervorriefen und keine Druckerlaubnis erhielten. 1926 nach China versetzt, erwarb sich Teilhard weltweite Anerkennung als Paläontologe.

Teilhard ging es um die Verschmelzung der Liebe zu Gott und der Liebe zur Welt. Er war fasziniert vom Universum als dem *»Bereich des Göttlichen«:* Sein Entwurf preist den Gott der Schöpfung und Christus, den Erlöser der Welt, dieser Welt, die nur durch ihn ihre Erfüllung finden kann. In Teilhards Sicht bewegen sich alle unsere Wanderschritte auf Christus hin – mit dem Ziel, das ganze Universum zu lieben und zu »taufen«. Nach seiner Überzeugung findet sich außerhalb der Kirche *»eine Unzahl guter und schöner Dinge, die zweifelsohne erst in Christus ihre Vollendung finden werden, die aber inzwischen schon bestehen und denen wir uns aufschließen müssen, wenn wir im vollen Sinne Christen sein und sie Gott zueignen wollen.«* Teilhard verstand sein Leben als Versuchsfeld Gottes *»für diese wunderbare Verschwisterung der Liebe zum Himmel und der Liebe zur Erde.«* Hier liegt auch der Ansatzpunkt für den eklektizistischen Mißbrauch Teilhards in neueren esoterischen Strömungen (New Age). Teilhard, der *»Pilger der Zukunft«,* starb an einem Ostersonntag ...

Für die Einheit dieses Tages gilt es einmal mehr, eine Auswahl zu treffen.

(1) Diese Welt ist ein heiliger Ort

»Durch alle Geschöpfe ohne Ausnahme belagert uns das Göttliche, dringt in uns ein und durchknetet uns. Wir hielten es für weit entfernt und unzugänglich und siehe, wir sind in seine glühenden Schichten getaucht ... Wahrhaftig, wie Jakob sagte, als er aus dem Traum erwachte: Die Welt, diese mit Händen greifbare Welt, der wir eine Langeweile und Respektlosigkeit entgegenbrachten, die für profane Orte angeht, ist ein heiliger Ort, und wir wußten es nicht. Venite, adoremus – Kommt, laßt uns anbeten.«

* Teilhard schrieb diese Zeilen anläßlich eines Sonnenaufgangs in der chinesischen Wüste. Gott ist nicht fern. Diese Welt (d.h. meine Welt) ist der Ort seiner Gegenwart. Kann ich daran glauben? Welche Erfahrungen machen es mir leichter, daran zu glauben? Was hindert mich, daran zu glauben?
* Bibelstellen: Gen 32,23–33; Ps 139.

»Es gibt eine Kommunion mit Gott, und es gibt eine Kommunion mit der Erde, und es gibt eine Kommunion mit Gott durch die Erde.«

»Zweifellos ist es schwierig, das rechte Mittelmaß im Besitz und Gebrauch der Materie zu kennen und einzuhalten. Aber ich glaube beharrlich, daß es besser ist, man versucht sie umzuwandeln, als daß man sich von ihr lossagt.«

* Ein gewichtiger Traditionsstrom der christlichen Spiritualität unterstreicht die Notwendigkeit, sich von der Materie loszusagen. Teilhard setzt auf *Umwandlung der Materie*. Was ist damit gemeint?

»Vertrauen Sie der Welt, die von unserem Herrn beseelt wird, und die Welt wird Sie retten. Ich denke, daß uns,

wie im Evangelium, die bewegten Wasser tragen, soweit wir es wagen, auf ihnen zu wandeln, wenn es nur in Richtung auf Gott hin und in der Liebe zu ihm geschieht.«

* Die Welt ist für Teilhard »Sakrament« der Gottesbegegnung. Welche Bedingungen nennt er dafür?
* Ich prüfe mein »Ja« zur Welt – zu dieser konkreten Erde. Sie ist Schöpfung Gottes und der Ort seiner Fleischwerdung.

»Ich liebe dich, Jesus, um der Menge willen, die sich in dir birgt und die man mit allen anderen Wesen lärmen, beten, weinen hört, wenn man sich ganz nahe an dich preßt. Ich liebe dich als die Quelle, das aktive und belebende Medium, als Ziel und Ausgang der Welt, selbst der natürlichen, und ihres Werdens. Zentrum, in welchem sich alles begegnet und das sich über alle Dinge erstreckt, sie zu sich einzuholen, ich liebe dich wegen der Fortsetzung deines Leibes und deiner Seele in der ganzen Schöpfung durch die Gnade, das Leben, die Materie. Jesus, mild wie ein Herz, glühend wie eine Kraft, innig wie ein Leben, Jesus, in den ich mich ergießen kann, mit dem ich herrschen und mich befreien soll, ich liebe dich wie eine Welt, wie die Welt, die mich hingezogen hat, und du bist es, jetzt seh ich's, den die Menschen, meine Brüder, jene sogar, die nicht glauben, durch die Magie des großen Kosmos fühlen und aufsuchen.«

* Könnte ich mich in dieses Gebet Teilhards und in sein Anliegen so hineinversetzen, daß ich es nachbeten kann?
* Teilhard ist leidenschaftlich von der Frage getrieben, wie die ganze Erde, die ganze Menschheit zu Christus hinfinden kann. Ich vergleiche dieses Interesse mit den Anliegen, die mich (derzeit) bewegen: Meine »The-

men«, meine Sorgen – sind sie zu eng, zu klein, zu privat? Wie steht es um die Weite meines Horizontes? Ist mir klar, daß (in bestimmter Hinsicht) die ganze Welt – und auch die Versöhnung von Kirche und Welt – mein Anliegen werden muß?

* Welche Spuren von »Reich Gottes« kann ich heute in meiner Umgebung entdecken?

* Ich besinne mich auf meine Taufe. Durch dieses Sakrament habe ich Anteil am Priesteramt Christi. Meine Sendung besteht seither darin, mich und die Welt zu heiligen und Gott entgegenzuführen.

»Der lebendige und fleischgewordene Gott ist nicht weit von uns. Er ist nicht außerhalb der greifbaren Sphäre. Er erwartet uns vielmehr jederzeit im Handeln, im Werk des Augenblicks. Er ist gewissermaßen an der Spitze meiner Feder, meiner Hacke, meines Pinsels, meiner Nadel – meines Herzens, meines Gedankens.«

* *Gott im Werk des Augenblicks* ist ein Stück »Erdfrömmigkeit« Teilhards, hinein übersetzt in die Verästelungen und Aufgaben des Alltags. Ich nehme mir vor, am nächsten Morgen daran zu denken.

* Bibelstelle: 1 Kor 10,31

(2) Das langsame Arbeiten Gottes

»Hab Vertrauen in das langsame Arbeiten Gottes. Ganz natürlich drängen wir in allen Dingen ungeduldig dem Ziele zu. Wir möchten die Zwischenstufen überspringen. Wir leiden voller Ungeduld darunter, zu etwas Unbekanntem, Neuem unterwegs zu sein ... Dabei ist es das Gesetz jedes Fortschreitens, daß sein Weg über das Unbeständige führt – das eine sehr lange Zeit andauern kann ... Deine Gedanken reifen ganz allmählich; laß sie wachsen, laß sie Gestalt annehmen, ohne etwas zu überstürzen! Versuche nicht, sie zu zwingen,

so als könntest du heute schon sein, was die Zeit (das heißt die Gnade und die Umstände, die auf deinen guten Willen Einfluß nehmen werden) morgen aus dir machen wird ... Schenke unserem Herrn Vertrauen, und denke, daß seine Hand dich gut durch die Finsternis und das Werden führen wird – und nimm aus Liebe zu ihm die Angst auf dich, dich im Ungewissen und gleichsam unfertig zu fühlen.«

* Welches sind jene unerläßlichen *Zwischenstufen*, die ich gerne überspringen möchte?
* Ich suche das Bild eines Künstlers oder Handwerkers bei der Arbeit: Er vollbringt selbstvergessen, bedächtig, gründlich und mit viel Liebe zum Detail sein Werk. – So ähnlich geht *das langsame Arbeiten Gottes* in und an der Welt vor sich; so vollzieht sich das Werk der *Umwandlung* meines Lebens durch Gott.
* Bibelstellen: Gen 1,1–2,3 (ich achte auf den Rhythmus des Schöpfungswirkens Gottes); Ps 104; 1 Kor 15,10; Phil 2,13; 2 Petr 3,8–9; Offb 21,5.

»Keine ausgefallenen Rezepte«

Madeleine Delbrêl (1904 – 1964)

Hinführung

Madeleine Delbrêl wuchs in einer ungläubigen Familie auf. 1904 in Südfrankreich geboren, erlebte die vielseitig Begabte 1924 eine Bekehrung, die sie in Jahren religiösen Suchens vertiefte. Sie engagierte sich in der kirchlichen Sozialarbeit in einem kleinen Vorort von Paris und kämpfte gemeinsam mit den Kommunisten für den Abbau von Ungerechtigkeit.

Madeleine Delbrêl suchte unermüdlich und radikal nach einem Leben, das dem Evangelium einerseits und den Bedingungen der modernen Welt anderseits entspricht. Ihre Gedanken kreisten um die Frage: Was bedeutet Gebet in einem weltlichen, modernen Leben? Wie muß unsere Lebensart beschaffen sein, um darin Gott suchen und Gott lieben zu können? Welche Rolle spielt dabei die Gemeinschaft, die Kirche?

Die ungläubige, marxistisch-atheistische Umwelt, in der Madeleine Delbrêl lebte, führte sie vor die Alternative: Mission oder Demission. Je enger sich das Christentum an das Evangelium rückbindet, um so tiefer wird seine missionarische Kraft.

(1) Gebet in einem weltlichen Leben

»Ohne Gebet werden wir Gott nie mit wirklicher Liebe lieben. Vielleicht werden wir seine Diener sein, seine Kämpfer, sogar seine Jünger, aber nicht liebende Kinder unseres Vaters, weder Freunde noch Geliebte Christi.«

»Gott schenkt uns jederzeit unsere Möglichkeit zu beten, aber diese entspricht nicht immer unseren Vorstellungen vom Gebet. Wir haben sicher die Zeit, so zu beten, wie Gott will, daß wir beten, vielleicht fehlt sie uns bloß, um nach unserer Vorstellung zu beten.«

»Sehnsucht macht das Gebet aus, und zwar gleichgül-

156

tig wo. Jede Liebe trägt ihre Sehnsucht überall mit sich herum.«

»Daß ein allmächtiger Gott, der doch geliebt sein will, seinen Kindern eine Lebensart gäbe, in der sie ihn nicht lieben könnten, ist unausdenkbar. Der Fehler liegt bestimmt auf unserer Seite.«

»Wo wir uns auch aufhalten mögen, Gott ist dort. Der nötige Raum, um ihn zu finden, ist der unserer Liebe.«

* Welcher Text über das Gebet sagt mir am meisten zu? Welchem vermag ich nicht zuzustimmen?
* Meine *»Vorstellung von Gebet«:* Wie wünsche ich mir mein Gebet? – Möglicherweise habe ich in diesem Bereich das Loslassen einzuüben.
* Paßt die Art und Weise meines Gebetes zu meiner Lebenssituation?
* Madeleine Delbrêl sagt: Beten ist immer und überall möglich – auf dem Weg der Sehnsucht. An welche Heiligen werde ich dadurch erinnert?
* Madeleine Delbrêl behauptet: In jeder Lebenssituation *(»Lebensart«)* ist Gottesliebe – und Ausdruck von Gottesliebe im Gebet – möglich. Wie steht es um meine Flexibilität im geistlichen Leben?
* Meine Liebe – Raum der Anwesenheit Gottes. Kann ich es glauben, daß Gott sich meiner Liebe wirklich anvertraut?
* Bibelstellen: Lk 18,1; 1 Kor 10,31; 1 Thess 5,17.

(2) Keine ausgefallenen Rezepte

»Das Evangelium ist das Buch vom Leben des Herrn und dazu da, das Buch von unserem Leben zu werden.«

»Nur kindliche Treue zu dem von uns Begriffenen wird uns zum Verständnis dessen führen, was geheimnisvoll bleibt.«

»Versucht nicht, ihn nach ausgefallenen Rezepten zu finden, laßt euch selber in der Armut eines banalen Lebens von ihm finden. Monotonie ist auch eine Armut: bejaht sie. Jagt nicht nach schönen, eingebildeten Reisen. Die Vielfalt des Reiches Gottes soll euch genug sein und euch ergötzen.«

* »*Das Evangelium – Buch von unserem Leben*«: Bekehrung bedeutet: Mein Leben soll mit dem Leben des Herrn in Deckungsgleichheit gebracht werden. Dieser Prozeß dauert ein Leben lang und enthält mehr passive als aktive Elemente. – Ich stelle mir vor: Jesus schreibt in und mit meinem Leben sein Evangelium weiter – zur Verherrlichung des Vaters und damit andere darin lesen!
* »*Kindliche Treue zu dem von uns Begriffenen*«: Welchen Aspekt des Evangeliums meine ich, schon *begriffen*, mir schon zu eigen gemacht zu haben? Wie kann ich dazu Treue üben?
* Madeleine Delbrêl ist überzeugt, daß komplizierte Systeme und Methoden geistlichen Lebens unter den Bedingungen modernen Lebens nicht lebensfähig sind. Neige ich zu *ausgefallenen Rezepten?* Wo bin ich herausgefordert, meinen banalen Alltag anzunehmen und zu bejahen? Wo habe ich dabei auch ein Stück Selbstannahme zu üben?

(3) Leben in Gemeinschaft

»Begnügen wir uns mit denen, die Gott für uns zuläßt, indem er uns gleichzeitig dafür stärkt.«

»Gott kann alles flicken; das hindert aber nicht, daß wir angesichts des angerichteten Schadens auch selber zu flicken versuchen ... Eine Wiedergutmachung, die wir der Gemeinschaft schulden, umgehen, beraubt uns ohne Zweifel einer der reichsten Gnaden Gottes.«

»*Auch wenn wir unser Bestes versuchen, kann die Mischung in unseren Gemeinschaften immer noch wenig geglückt sein, wir können aber dann auf den Herrn zählen.*«

»*Wenn du die Wüste liebst, vergiß nicht, daß Gott die Menschen lieber sind.*«

* Wann ertappe ich mich, mir ein anderes Umfeld, andere Menschen, eine andere Gemeinschaft zu wünschen? Wie kann ich vom Glauben her ein positives Verhältnis zu diesen konkreten Menschen finden?

* Schulde ich jemandem oder einer Gemeinschaft eine *Wiedergutmachung?* Ich versuche, eine solche nicht nur als lästige Pflicht, sondern als Chance der Gottesbegegnung zu sehen.

* Die »*Mischung in unseren Gemeinschaften*«: Ich lese dazu Mt 5,45.

»Wir werden euch trotzdem lieben«

Martin Luther King (1929 – 1968)

Hinführung

Martin Luther King wurde 1929 als Sohn eines Baptistenpfarrers in Atlanta (USA) geboren. Schon früh erkannte er sein Lebensziel: die Lebensbedingungen der Schwarzen zu verbessern. Er studierte Theologie und wurde 1954 Pastor. Als Anführer des gewaltlosen Aufstandes der Schwarzen in den USA mit der geistigen und organisatorischen Führung der Bürgerrechtsbewegung betraut, wurde er immer wieder zur Zielscheibe des rassistischen Hasses.

Am 28. August 1963 führte Martin Luther King 250 000 Menschen in einem Marsch auf Washington. Damals verkündete er seinen Traum, daß »*eines Tages auf den roten Hügeln von Georgia die Söhne der früheren Sklaven und die Söhne früherer Sklavenhalter miteinander am Tisch der Brüderlichkeit sitzen können.*« Wenig später wurde er ermordet. Doch sein Traum lebt weiter – in den Herzen vieler Amerikaner und bei vielen Menschen in der ganzen Welt. Woraus schöpfte der schwarze Bürgerrechtler die Kraft, inmitten einer Welt voller Haß und Rassendünkel einen gewaltlosen Widerstand zu organisieren und einem versöhnten Miteinander das Wort zu reden?

»Meine Freunde, den sogenannten gangbaren Weg gehen wir nun schon viel zu lange. Er hat uns nur in tiefere Verwirrung und größeres Chaos geführt. Überall sehen wir die Trümmer von Gemeinschaften, die sich dem Haß und der Gewalt verschrieben haben. Zur Rettung der Nation und der Menschheit müssen wir einen neuen Weg beschreiten. Das bedeutet nicht, daß wir unseren gerechten Kampf aufgeben sollen. Mit aller Kraft müssen wir uns bemühen, die Nation aus den Fesseln der Rassentrennung zu befreien. Aber wir dürfen dabei unsere Verpflichtung zur Liebe nicht verges-

sen. Wir verabscheuen zwar die Rassenschranken, aber ihren Verteidiger werden wir lieben. Das ist der einzige Weg, auf dem wir die ersehnte Gemeinschaft erreichen können.

Unseren Gegnern sagen wir: Unsere Leidenskraft ist ebenso groß wie eure Macht, uns Leiden zuzufügen. Eurer physischen Gewalt werden wir mit seelischer Kraft begegnen. Tut mit uns, was ihr wollt, wir werden euch trotzdem lieben. Wir könnten euren ungerechten Gesetzen nicht mit gutem Gewissen gehorchen, denn wir sind nicht nur verpflichtet, für das Gute zu wirken, sondern auch die Zusammenarbeit mit dem Bösen zu verweigern. Werft uns in das Gefängnis, wir werden euch trotzdem lieben. Werft Bomben in unsere Häuser, bedroht unsere Kinder, wir werden euch trotzdem lieben. Schickt eure gewalttätigen Kapuzenmänner um Mitternacht in unsere Wohnungen, daß sie uns schlagen und halbtot liegen lassen, wir werden euch trotzdem lieben. Und seid versichert, daß wir euch mit unserer Leidensfähigkeit überwinden werden. Eines Tages werden wir die Freiheit gewinnen. Aber sie wird nicht nur für uns selbst errungen werden. Wir werden so lange an euer Herz und eure Seele appellieren, bis wir auch euch gewonnen haben. Und dann wird unser Sieg ein doppelter Sieg sein.

Liebe ist die beständigste Macht der Welt. Diese schöpferische Kraft, die sich im Leben unseres Erlösers so wunderbar ausdrückt, ist das wirksamste Instrument für das Streben der Menschheit nach Frieden und Sicherheit. Napoleon soll beim Rückblick auf die Jahre seiner Eroberungen gesagt haben: Alexander, Caesar, Karl der Große und ich haben große Reiche errichtet. Aber worauf gründeten sie sich? Auf Macht! Christus aber hat vor Jahrhunderten ein Reich errichtet, das sich auf Liebe gründete, und noch heute sind Millionen bereit, für ihn zu sterben.«

* *»Wir müssen einen neuen Weg beschreiten«:* Versuchen Sie in einer Gegenüberstellung herauszuarbeiten, worin der »(alte) gangbare Weg« besteht und was den *»neuen Weg«* Martin Luther Kings ausmacht.

* *»Kraft – Leidenskraft«:* Unterstreichen Sie diese Worte im Text. Woran liegt es, daß Kings Worte dennoch nichts Fanatisches an sich haben? Was bedeutet *»Leidenskraft«?*

* *»Mit Leidensfähigkeit überwinden«:* Wo, in welcher Lebenssituation habe ich schon einmal auf irgendeine Form von Gewalt (eine Beleidigung, Benachteiligung, Bloßstellung, physische Gewalt...) gewalt-los, ohne Gegengewalt reagiert? Was erlebte und empfand ich dabei?

* *»Die Macht der Liebe«* ... ist stärker als Gewalt: Die Liebe läßt die Gegenmacht, die Gewalt an sich austoben. Sie läßt es mit sich geschehen. Jesus ließ es mit sich geschehen ...

* Welche der Seligpreisungen (vgl. Mt 5,3–12) ist jene, die Martin Luther King verkörpert?

* Der Weg Jesu heißt in der Apostelgeschichte *»neuer Weg«* (vgl. Apg 9,2; 19,9.23; 22,4; 24,14.22).

Zur siebten Woche

Die »Exerzitien für den Alltag« gehen in die Endphase. Eine Reihe von Männern und Frauen stand bisher im Blickpunkt. Gewinnt durch diese Gesamtschau nicht auch der Begriff »Gemeinschaft der Heiligen« an Farbe? Mit diesem Teil des christlichen Glaubensbekenntnisses ist ausgesagt: Wir leben und gehen immer schon in einer Weg-Gemeinschaft. Nachfolge Jesu als Grundmodell christlichen Lebens läßt sich nicht auf den einzelnen einengen, sondern ist vielmehr auf Gemeinschaft hin angelegt. Ich darf mich in Gemeinschaft mit denen wissen, die dem Herrn geglaubt haben.

Noch mehr: Ich darf mich in Gemeinschaft mit allen wissen, die dem Herrn glauben – jetzt und heute. Diese letzte Woche der »Exerzitien für den Alltag« hat Zeugen und Zeuginnen Jesu aus unserem Jahrhundert zum Thema. Wenn sich so der Kreis zur Gegenwart hin schließt, zeigt sich (einmal mehr): Nachfolge Jesu »geht«, Nachfolge ist möglich und lebbar – auch im Jetzt, genau in der Zeit, in die Gott uns hineinstellt und unter den Umständen, die er uns zumutet. Sich eine andere Zeit oder ein anderes Umfeld für die Verwirklichung von Jesus-Nachfolge und für das Leben des Glaubens zu wünschen, ist müßige Träumerei und Zeitverlust.

Schon der Blick in die Vergangenheit auf die »Wolke der Zeugen« (Hebr 12,1) geschah nicht aus akademischem Interesse, sondern damit Jesus-Nachfolge im Hier und Heute besser gelingt. Wenn man alle Heiligen nebeneinanderstellt und aus einer gewissen Distanz betrachtet, zeigt sich eine ermutigende Bandbreite von Verwirklichungsformen der Jesus-Nachfolge. Alle Heiligen beziehen sich auf Jesus – und finden doch ihre je eigene und ursprüngliche Lebensgestalt. Dies ist ein wichtiges Ziel der Exerzitien: In steter Bezogenheit auf Jesus zu den Quellen des Lebens und zur eigenen Lebensgestalt hinfinden.

Zur Jesus-Nachfolge in der Gegenwart ermutigen, ermahnen und rufen uns:

* *Romano Guardini* ist Denker des Glaubens, Prediger, Philosoph, Theologe. Er gehört zu den Wegbereitern kirchlicher Erneuerung.
* *Carlo Carretto* ist ein vielgelesener geistlicher Schriftsteller, der sich dem Erbe Charles de Foucaulds verpflichtet weiß.
* *Erzbischof Romero*, ein Vertreter der Befreiungstheologie, wird für die Armen ermordet, weil er den Armen eine Stimme geben will.
* *Roger Schutz* kann sich mit dem Skandal der getrennten Christenheit nicht abfinden. Mit der Brüdergemeinschaft von Taizé und mit Tausenden von Gleichgesinnten hat er die größere Ökumene – die Gemeinschaft aller Menschen guten Willens – im Blick.
* *Ruth Pfau* ist eine radikale Frau. Sie setzt alles auf eine Karte und stellt sich in den Dienst der Leprakranken in Pakistan.
* *Jean Vanier* lebt schon lange in kleinen Lebensgemeinschaften mit Behinderten. Er fragt: Habt ihr in euren Gemeinschaften Platz für die Armen?

7. Woche – Sonntag

»Die Hoffnung ist das Trotzdem des Glaubens«

Romano Guardini (1885 – 1968)

Hinführung

Romano Guardini, 1885 in Verona als Sohn italienischer Kaufleute geboren, wuchs in Mainz auf. 1910 zum Priester geweiht, schlug er die akademische Laufbahn ein, in deren Verlauf er den Lehrstuhl für »Religionsphilosophie und christliche Weltanschauung« in Berlin, Tübingen und München innehatte. Guardini nahm maßgeblichen Einfluß auf die liturgische Erneuerung (seit 1918) und auf die katholische Jugendbewegung (seit 1920). Viele seiner Schriften hatten große Breitenwirkung. Als Philosoph, Theologe und Pädagoge über die Konfessionen hinweg geschätzt, wurde er zu einem Wegbereiter des II. Vatikanischen Konzils.

Die unten zuerst aufgeführten Texte Guardinis zeigen biographisch-persönlichen Einschlag. Sie lassen erahnen, wie sich Guardini immer wieder zur Hoffnung als dem »Trotzdem des Glaubens« durchringen mußte; davon handelt der dritte Abschnitt.

»Je älter ich werde, desto größer wird das Geheimnis in allem. Auch im Glauben. Eins besonders: warum hat Gott die Welt erschaffen? – Aber auch etwas anderes geschieht: das Geheimnis wird bewohnbar.«

* Guardini beobachtet, daß das Älterwerden noch nicht Einfachheit und Klarheit im Glauben mit sich bringt: *Das Geheimnis wird in allem größer.*

* Der Glaube eines Kindes, eines Jugendlichen, eines Erwachsenen, eines älteren Menschen kann nicht immer das gleiche Profil haben. Der Glaube will mit meinem Lebensalter und mit meiner persönlichen Reife mitwachsen. Was bedeutet das für mich? Was tue ich dafür?

165

* Wie stelle ich mir Fortschritt und Reife im Glauben vor?

»Ich glaube nicht, daß es eine schöpferische Begabung und ein tieferes Verhältnis zum Leben ohne schwermütige Veranlagung gibt. Man kann sie nicht beseitigen, wohl aber sie ins Leben einordnen. Dazu gehört, daß man sie in einem innersten Sinne von Gott her annimmt und sie in Güte für den anderen Menschen umwandelt.«

* Guardini hatte zeit seines Lebens mit einer *schwermütigen Veranlagung* zu kämpfen. Sie war ihm eine Last, führte ihn jedoch auch in die Tiefe und ermöglichte ihm *ein tieferes Verhältnis zum Leben.*
* Welche Veranlagungen und Neigungen beobachte ich bei mir? Erlebe ich sie als helfend und förderlich für meinen Glaubensvollzug? Sind sie mir eher ein hinderlicher Rucksack, den ich mitschleppe?
* Guardini macht Mut: Das, was mir Schwierigkeiten bereitet, kann angenommen, *ins Leben eingeordnet* und damit fruchtbar gemacht werden für das Leben und für den Glauben. Welche Bedingung nennt Guardini? Was gehört zu diesem Prozeß?
* Etwas, was mir Last ist, *von Gott her annehmen* und *in Güte für den anderen Menschen umwandeln.* Auch wenn ich mir das (noch) nicht vorstellen oder nicht einmal erträumen kann: Ich lasse mir das sagen und mache mich auf den Weg.

»Hoffnung ist das Vertrauen auf Gottes Vollendungsmacht. Er hat verheißen, wir sollen zu neuen Menschen und die Schöpfung zu einem neuen Himmel und einer neuen Erde werden (Offb 21,1). Dem widerspricht der Eindruck, den die Dinge dieser Welt machen; der Gang, den das Leben nimmt; die Meinungen der Menschen um uns her; unsere eigene, täglich erfahrene Unzuläng-

lichkeit und Sünde – alles. Die Hoffnung ist das Trotzdem des Glaubens. Trotz alles Widersprechenden ist das neue Leben in uns; und Gott wird es vollenden, so viel auch dagegen stehen mag, wenn wir ihm nur vertrauen. Das ist aber schwer, manchmal fast nicht zu leisten. So müssen wir immer wieder bitten, daß der Herr in uns die Hoffnung stärke.«

* Gerade die Auseinandersetzung mit den eigenen Unzulänglichkeiten, Veranlagungen, Neigungen, Altlasten ... kann hoffnungslos machen. Ich soll *ein neuer Mensch werden* ...?

* Diesem Eindruck, der mich hinunterzieht, muß ich etwas entgegensetzen: die Hoffnung – *das Trotzdem des Glaubens.*

* Ich mache mir bewußt: Durch die Taufe und durch das geistliche Leben trage ich *das neue Leben* schon in mir. *Gott wird es vollenden, so viel auch dagegen stehen mag.*

* Ich bitte den Herrn um Vertrauen, Glauben und Hoffnung.

* Bibelstelle: Röm 5,1–5

Gott im Alltäglichen entdecken

Carlo Carretto (1910–1988)

Hinführung

Carlo Carretto, 1910 geboren, war Gymnasiallehrer und dann
führend in der Katholischen Aktion Italiens tätig. 1954 ging er
zu den *Kleinen Brüdern* und lebte zehn Jahre in der Sahara.
1964 begründete er in Spello bei Assisi die Begegnungs- und
Einkehrstätte der *Kleinen Brüder vom Evangelium*. Seine
Erfahrungen gab Carretto in zahlreichen Schriften weiter.
Carlo Carretto orientierte sich an Charles de Foucauld. Für die
Spiritualität *Bruder Karls* bedeutet *Nazaret* sehr viel: ein
Leben und Arbeiten im Verborgenen, wie es Jesus 30 Jahre
lang tat; die Entdeckung, daß das Gewöhnliche und Alltäg-
liche mit Gott zu tun hat.

»*Noch etwas habe ich von Jesus gelernt in jener Zeit,
die ich mit ihm in Nazaret verbrachte: die göttliche Er-
fülltheit der gewöhnlichen Dinge zu entdecken ...
Gewöhnlich meinen die Menschen: Arbeit, Brot, Alltagskram seien leer von Gott, seien weltlich, neutral.
Aber so ist es nicht.
Wenn Jesus in deiner Arbeit gegenwärtig ist, dann ist
deine Arbeit geheiligt.
Wenn Jesus in deiner Pflichterfüllung lebt, dann ist
deine Pflichterfüllung Gebet, wenn in deinem Haus
Jesus wohnt, dann ist dein Haus eine Kirche ...
Nach der Menschwerdung ist die Wirklichkeit göttlich
geworden, weil Jesus in sie eintrat, und wenn du das
Wirkliche anrührst, rührst du an das Göttliche. Wenn
das Wort Fleisch geworden ist, dann ist alles Fleisch
Wort geworden, das ganze Universum spricht von
Gott ...
Du verstehst jetzt, wie wichtig Glaube, Hoffnung und*

Liebe sind, die dich über die Grenze des Sichtbaren tragen.
Das Wirkliche ist Gottes Umgebung.«

* Ich frage: Was bedeutet »Gottesdienst« und »Gebet« für mich? Wann und wobei meine ich, Gott zu dienen?
* *Nazaret* erinnert mich: Ich diene Gott nicht nur in meiner Gebetsecke. Gebet und Gottesdienst sind nicht nur bestimmte Sektoren in meinem Leben. Verbindung mit Gott ist mitten im *Alltagskram möglich.*
* Es kommt auf die Gegenwart Jesu in allem an: in meiner Arbeit, in meiner Pflichterfüllung, in meiner Wohnung. Ich »übe mich«, stelle mich auf diese Gegenwart ein. Ich nehme mir vor, mir das »Dazwischen« immer wieder bewußt werden zu lassen.
* Die göttliche Gegenwart muß ich nicht ersehnen oder herbeibitten, sie ist durch die Menschwerdung des Gottessohnes schon gegeben. Ich versuche, diese grundsätzliche Ent-lastung meines Betens und Gottsuchens wahrzunehmen.
* Gott hat in Jesus den ersten Schritt gemacht: Er ist in diese Welt eingetaucht und hat dadurch die ganze Wirklichkeit geheiligt. Überall und in allem, im Verborgensten und im Gewöhnlichsten ist Begegnung mit Gott möglich. *»Das ganze Universum spricht von Gott.«* Die geistliche Tradition spricht vom »Gott finden in allen Dingen«.
* Ich suche im Evangelium nach jenen Stellen, in denen ich etwas von »Nazaret« angedeutet sehe: vom Leben und Arbeiten Jesu im Verborgenen.

Den Armen eine Stimme geben

Oscar Arnulfo Romero (1917 – 1980)

Hinführung

Oscar A. Romero lernte den Beruf des Zimmermanns. Nach theologischen Studien 1942 zum Priester geweiht, war er Seelsorger in verschiedenen Orten seiner Heimat sowie Redakteur kirchlicher Zeitschriften. 1970 wurde er zum Weihbischof, 1977 zum Erzbischof von San Salvador ernannt.
Oscar A. Romero setzte seine ganze Kraft für sein Volk ein und bot dem Terrorregime trotz aller Todesdrohungen mutig die Stirn. Er »bekehrte« sich zu einem kompromißlosen Verfechter der Theologie für die Verfolgten und Entrechteten: *»Welche politische Streitfrage wir auch immer aufgreifen mögen, sie muß im Lichte des Volkes ... der Armen gesehen werden.«* Durch seine mutige Kritik des staatlichen und gesellschaftlichen Unrechts wurde er weltweit zur Symbolfigur der Befreiungstheologie. Am 24. März 1980 fiel Romero einem Mordanschlag zum Opfer – während des Gottesdienstes.
Der folgende Haupttext (aus einem Vortrag anläßlich der Verleihung der Ehrendoktorwürde durch die Universität Löwen/Belgien) bewegt sich auf der Ebene der theoretischen Reflexion; zugleich enthält er spirituelle Tiefe und Sprengkraft.

»Im Namen Jesu wünschen wir und arbeiten wir für ein Leben in Fülle, das sich weder im Bemühen um die grundlegenden materiellen Bedürfnisse erschöpft noch sich auf den sozio-politischen Bereich beschränkt. Wir wissen sehr wohl, daß wir die Überfülle des Lebens nur im endgültigen Reich des Vaters erlangen können. In der menschlichen Geschichte realisiert sich diese Fülle, indem wir diesem Reich aufrichtig dienen und uns in die Hände des Vaters geben. Wir sehen jedoch mit ebenso großer Klarheit, daß es Illusion, Ironie und

im Grunde schlimmste Blasphemie wäre, wenn wir die grundlegendsten Bedürfnisse des Lebens, nämlich Brot, ein Dach über dem Kopf und Arbeit, vergessen und ignorieren würden. Wir glauben mit dem Apostel Johannes, daß Jesus das Wort des Lebens ist (1 Joh 1,1) und daß, wo immer dieses Leben gefunden wird, Gott sich offenbart. Wo der Arme zu leben beginnt, wo er beginnt, sich zu befreien, wo Menschen fähig sind, sich gemeinsam um einen Tisch zu versammeln und zu teilen, da ist der Gott des Lebens mitten unter ihnen. Wenn also die Kirche sich in die sozio-politische Welt integriert, dann tut sie das, um ihren Beitrag zu leisten, auf daß den Armen Leben gegeben werde. Damit entfernt sie sich weder von ihrer Sendung noch tut sie etwas, was nur zweitrangig in bezug auf ihre Sendung ist. Sondern sie gibt Zeugnis von ihrem Glauben an Gott, ist Instrument des Heiligen Geistes, des Herrn und Lebensspenders ... Unsere Geschichte ist folglich eine sehr alte. Es ist die Geschichte Jesu, der wir in aller Bescheidenheit folgen wollen. Als Kirche stellen wir keine politischen Experten dar und beabsichtigen auch nicht, die der Politik eigenen Mechanismen zu benutzen. Die Integration in die sozio-politische Welt, in die Welt, in der es um Leben oder Tod der großen Mehrheit des Volkes geht, ist jedoch dringend erforderlich, wenn wir dazu da sind, den Glauben an einen Gott des Lebens und die Nachfolge Jesu nicht nur mit Worten, sondern durch Taten zu verwirklichen.«

* »Die Gnade ist konkret«: Ich suche eine Stelle im Evangelium, in der deutlich wird, daß es Jesus um den ganzen Menschen (um »Leib« und »Seele«) geht.
* »Befreiung«: Welche »Arme« kennt das Evangelium? – Ich suche eine Stelle im Evangelium, in der Jesus einen Armen aus dessen Abhängigkeit befreit.
* Wie versteht Erzbischof Romero die Sendung der Kirche?

* Oscar A. Romero stellt – auf der Basis des II. Vatikanischen Konzils – den »Weltauftrag« des Glaubens heraus: *»Unser christlicher Glaube verlangt, daß wir in diese Welt eintauchen«* (s.u.). Die Gestaltung der Welt im Sinne des Evangeliums braucht Engagement von Christen und Christinnen, die sich in die sozio-politische Welt hineinbegeben und sich dort »die Hände schmutzig machen«. Wo ist mein Platz? Worin besteht mein Beitrag? Was tue ich, um – im Rahmen meiner Möglichkeiten – die Welt im Sinne des Evangeliums zu gestalten (Mitarbeit in einer politischen Organisation, bei amnesty international, in einer Bürgerinitiative, Umweltschutz, politische Bildung etc.)?

* Daß jeder Christ gesellschaftliche Verantwortung trägt, gründet nicht nur im Gebot der Nächstenliebe, sondern auch in der Taufe: Durch die Taufe habe ich Anteil am »prophetischen Amt Christi«. Das Reich Gottes bezeugen und lehren kann auch bedeuten, Unrecht beim Namen zu nennen und zu bekämpfen.

* Der gegenwärtige Zeitgeist begünstigt eher das Gegenteil: den Rückzug in die Innerlichkeit, in die (vermeintlich) heile Welt des eigenen Inneren, oder ein ausschließliches Bezogensein auf die Clique, auf die kleine, in sich geschlossene Gruppe von Freunden und Freundinnen, in der ich mich wohlfühle. Ist das eine Gefahr für mich?

Im Anschluß an diese Überlegungen hier noch einige Texte Romeros:

»Die Kirche würde ihre Liebe zu Gott und ihre Treue zum Evangelium verraten, wenn sie aufhörte, die Stimme derer zu sein, die keine Stimme haben.«

»Ich bin ein Hirte, der mit seinem Volk eine schöne und schwere Wahrheit zu lernen angefangen hat: Un-

ser christlicher Glaube verlangt, daß wir in diese Welt eintauchen.«

»Das Wort bleibt bestehen. Das ist der große Trost eines Predigers. Meine Stimme wird untergehen, aber mein Wort, das Christus ist, wird in den Herzen derer weiterleben, die es guten Willens aufgenommen haben.«

»Das Martyrium ist eine Gnade Gottes, von der ich glaube, daß ich sie nicht verdient habe. Aber wenn Gott das Opfer meines Lebens annimmt, dann soll mein Blut das Samenkorn der Freiheit sein und ein Signal dafür, daß diese Hoffnung bald Wirklichkeit wird. Möge mein Tod, wenn er von Gott angenommen wird, zur Befreiung meines Volkes gereichen und ein Zeugnis der Hoffnung für seine Zukunft sein! Wenn es ihnen gelingt, mich zu töten, können Sie ihnen mitteilen, daß ich ihnen verzeihe und die segne, die es tun. Aber ich wünschte, sie könnten realisieren, daß sie ihre Zeit vertun. Ein Bischof wird sterben, aber die Kirche Gottes, und das ist das Volk, wird niemals untergehen« (aus dem letzten Interview, zwei Wochen vor seinem Tod).

Kampf und Kontemplation

Roger Schutz (geb. 1915)

Hinführung

Roger Schutz wurde 1915 als Sohn eines reformierten Pastors
in der Schweiz geboren. Mit 20 Jahren fand er zum Glauben
zurück und begann Theologie zu studieren, wobei er sich besonders für Fragen des Mönchtums interessierte. Eine Krankheit brachte Einsamkeit und Ruhe mit sich, und so reifte die
Gewißheit über seine Berufung. Die Mönchsgemeinschaft
von Taizé, die Frère Roger Schutz 1949 gründete, umfaßt
heute mehr als 80 Brüder aus über 20 Ländern. Sie kommen
aus allen Kirchen und stellen ihr Leben in den Dienst der Versöhnung zwischen den Konfessionen und in die Arbeit der
Mission.
Diese Gemeinschaft, die ihren Auftrag in »*Kampf und Kontemplation*« sieht, definiert ihr Lebenszentrum so: »*Die Mitte
von Taizé ist eine Person. Unsere Berufung hat einen inneren
Kern, Christus, den Auferstandenen.*«
Taizé steht mittlerweile für einen bestimmten Stil der Spiritualität, der ökumenischen Reichtum und biblische Schlichtheit vereint – wie die beiden Gebete von Roger Schutz erahnen lassen.

Wie es ist

Christus,
du nimmst uns an mit unserem Herzen,
so wie es heute gerade ist.
Warum sollten wir, um zu dir zu gehen,
abwarten, bis sich unser Herz ändert?
Du änderst es, jeden Tag von neuem,
ohne daß wir wüßten wie.
Denn du hast alles,
um die klaffenden Risse zu heilen.

In jedem Augenblick

Christus,
gib, daß wir in jedem Augenblick
auf dich schauen.
So oft vergessen wir, daß wir
bewohnt sind von deinem heiligen Geist,
daß du in uns betest,
daß du in uns liebst.
Dein Wunder in uns ist dein Vertrauen
und dein unaufhörlich neu geschenktes Verzeihen.

Ein Vorschlag für die Übung dieses Tages:

* Nach der Sammlung, dem Stillwerden und dem Vorbereitungsgebet wähle ich jenes Gebet zur Betrachtung, das mir mehr zusagt.
* Ich gehe es Satz für Satz und Wort für Wort durch. Wo bleibe ich?
* An welche biblischen Szenen werde ich erinnert? Welche Jesus-Begegnungen kommen mir in den Sinn?
* Ich nehme die Schlichtheit und die Einfachheit dieses Gebetes wahr.
* Ich bitte: »Herr, lehre mich beten« (vgl. Lk 11,1–4).

»Sich die Hände schmutzig machen«

Ruth Pfau (geb. 1929)

Hinführung

Ruth Pfau wurde 1929 in Leipzig geboren. Nach der Flucht nach Westdeutschland 1948 studierte sie Medizin. Der evangelischen Taufe 1951 folgte zwei Jahre später die Konversion zum Katholizismus. 1957 tritt Ruth Pfau in den Orden der »Töchter vom Herzen Mariä« ein und beginnt 1960 in Karachi (Pakistan) die Arbeit mit Leprakranken. Bald initiiert sie offizielle Lehrgänge für Leprahelfer. In Pakistan und Deutschland wurden ihr viele staatliche Ehrungen zuteil.

Der Text von Ruth Pfau kreist um zwei Themen: um die Notwendigkeit, *»sich die Hände schmutzig zu machen«*, und um unsere Versuche, *»in einer gestörten Ordnung Mensch zu werden«*.

»Kurze Zeit später bin ich den Indus entlanggefahren, nach Skardu. Zur Zeit der Schneeschmelze ist der Indus eine schlammige Flut. Wenn der Wasserspiegel sinkt, bleiben Seen im Felsen zurück. Und weil sie den Zusammenhang mit dem Fluß verlieren, setzt sich der Schlamm. Und sie leuchten in einem Blau, in einem unwahrscheinlichen, einem jenseitigen Blau. Als ich diese schlammigen Massen sah und dann dieses stille Blau, diese himmlische Reinheit, da dachte ich mir: So müßtest du leben können. Dich ganz aus den Geschäften der Welt zurückziehen. Auf der Rückfahrt ging mir aber auf: Wenn man das tut, dann ist man in drei Monaten ausgetrocknet. Zum Leben gehört, daß man sich die Hände schmutzig macht. Das andere ist eine spleenige Alternative, die uns nicht zusteht. Ich bin dem Indus ewig dankbar, daß er mir diese Einsicht zugespielt hat. Die Ordnung der Welt ist jetzt gestört. Ein Gott, der sich entschlossen hat, Mensch zu werden, hat sich da-

mit abgefunden, in einer gestörten Ordnung Mensch zu werden. Wenn er nicht gradlinig leben kann, wie sollen wir uns das anmaßen können? Ich sehe das auch an der Figur des Judas. Judas ist für mich die große Faszination. Wie hat Jesus sich um diese zwölf bemüht, und unter ihnen war ein Versager. Er hat ihn um sich gehabt, hat seine Ideale mit ihm geteilt, hat die Hoffnung nicht aufgegeben, hat ihm die Füße gewaschen. Und Judas hat ihn verraten. Und noch am Kreuz war das der vielgeliebte Judas. Für mich ist es wieder dieses Geheimnis der Freiheit. Die Freiheit, die auf Liebe beruht, hat in sich die Konsequenz, daß der Geliebte auch nein sagen kann.

Aber man muß die Liebe immer wieder neu leben. Auch wenn man weiß, daß sie ins Leere geht, daß sie scheitert, daß sie in der reinen Form unter Menschen nur schwer lebbar ist. Man muß die reine Form immer anstreben, sie im Blick haben und behalten. Man soll sich nur nicht wundern, daß man sie immer wieder nicht realisieren kann. Es ist immer wieder der gleiche Konflikt. Es gibt immer wieder die gleichen Probleme.«

* Kenne ich den Wunsch, mich »zurückzuziehen aus den Geschäften der Welt«? Wann taucht er besonders auf?

* Wo neige ich dazu, mich rauszuhalten, weil ich mir den Anblick der *himmlischen Reinheit* nicht zerstören lassen will?

* »Kampf und Kontemplation« (Roger Schutz): Habe ich einen Weg gefunden, diese Spannung zu leben – und nicht aufzulösen? Wo muß ich eher das Gegengewicht ansetzen?

* »Sich die Hände schmutzig machen« – was meint Ruth Pfau damit: eine Tätigkeit, ein bestimmtes Engagement, eine Haltung?

* Habe ich schon einmal erlebt, daß mir ein Dienst am Nächsten alles abgefordert hat, daß mich das aber nicht *ausgetrocknet,* sondern belebt hat?

* Inkarnation als die Fleischwerdung Gottes in Jesus von Nazaret ist die sachliche Mitte des Textes: Gott zieht sich nicht aus dieser Welt zurück, sondern taucht in die Welt ein. Wo liegt die sachlich-inhaltliche Klammer zwischen dem ersten und dem zweiten Absatz des Textes?

* Der Text von Ruth Pfau spricht von *»gestörter Ordnung«*. Wo beobachte ich die *»gestörte Ordnung«* in meiner Umgebung? Wo erlebe ich *»gestörte Ordnung«* in mir? Wie überwand Jesus diese *Störung?*

* Ich bitte im abschließenden Zwiegespräch den Herrn um die Mitte zwischen Wirklichkeit und Ideal; um die gläubige Beharrlichkeit, Liebe dennoch immer neu zu riskieren und *immer neu zu leben* – trotz der Möglichkeit, daß sie *scheitern* und abgelehnt werden kann.

In Gemeinschaft leben

Jean Vanier (geb. 1928)

Hinführung

Der kanadische Autor Jean Vanier leitet seit 1964 die Bewegung der *Arche*, ein heute weltweit gespanntes Netz von Gemeinschaften, in denen das Zusammenleben mit geistig Behinderten verwirklicht wird. Seine Erfahrungen, Reflexionen und Ratschläge sind für alle christlichen Lebensgemeinschaften (d.h. für die Kirche!) gültig.

»*Die drei grundlegenden Elemente der Gemeinschaft sind: das Gebet oder die Gemeinschaft mit dem Vater durch und in Jesus, die Gegenwart der Armen und der Dienst an ihnen und schließlich das Bewußtsein, in dem einen Leib geeint zu sein. Diese drei Elemente sind notwendig, damit eine Gemeinschaft gesund ist und wächst. Jesus hat jeden der Apostel in eine persönliche Beziehung der Liebe berufen. Dann hat er sie zu einer Gemeinschaft geeint, und schließlich hat er sie gesandt, die Frohbotschaft den Armen zu verkünden.*«

»*Eine Gemeinschaft ist erst dann wirklich ein Leib, wenn die Mehrheit der Mitglieder den Schritt vom ›Die Gemeinschaft für mich‹ zum ›Ich für die Gemeinschaft‹ vollzieht, das heißt, wenn das Herz des einzelnen sich jedem anderen öffnet, und zwar ausnahmslos. Es ist der Übergang vom Egoismus zur Liebe, vom Tod zur Auferstehung. Es ist das eigentliche Osterfest: der Vorübergang des Herrn, aber auch der Übergang vom Land der Knechtschaft zum Gelobten Land, nämlich zur inneren Befreiung.*«

»*Eine Gemeinschaft wird zur Einheit und bekommt eine Ausstrahlung, wenn alle Glieder ein Gefühl der*

Dringlichkeit ihrer Sendung haben. Es gibt in der Welt zuviel Menschen ohne Hoffnung, zuviel Schreie ohne Antwort, zuviel einsam Sterbende. Eine Gemeinschaft lebt dann in der Fülle, wenn sie sich bewußt wird, daß sie nicht für sich selbst da ist, auch nicht um ihrer eigenen Heiligung, sondern um die Gabe Gottes anzunehmen und mit Gott Hunger und Durst in den Herzen der Menschen zu stillen: durch Gebet, Opfer, Liebe und einen Geist des Dienens. Eine Gemeinschaft ist dazu berufen, ... eine Quelle lebenspendenden Wassers für die Kirche und die Menschheit zu sein.«

»Seit Gründung der Gemeinschaft besteht die Gefahr, daß der Geist langsam in Gewohnheiten und Gebräuchen erstarrt, die ihn ersticken. Die Verantwortlichen und alle Mitglieder müssen darüber wachen, den Geist immer wieder von der Patina einer gewissen Zeit zu reinigen, um ihn deutlicher zu erfassen und wahrhaftiger zu leben. Er ist sozusagen die Gabe Gottes an die Familie, der Schatz, der ihr anvertraut ist und der im Herzen der Gemeinschaft immer gegenwärtig bleiben muß. Die Gemeinschaft hat heute so zu leben, wie ihr Gründer gelebt hätte, wenn er noch da wäre. Sie muß nicht so leben, wie er gelebt hat, sondern sie muß heute dieselbe Liebe, denselben Geist und dieselbe Kühnheit haben, die er zu seiner Zeit bewiesen hat.«

* In welchen »Gemeinschaften« lebe ich (Familie, Freundeskreis, Arbeits»gemeinschaft«, pfarrliche Gruppe ...)?

* Welche Bedeutung hat(te) Gemeinschaft bisher für mich? Was gehört(e) für mich dazu, daß eine Gruppe »Gemeinschaft« ist?

* Jean Vanier nennt drei Elemente: Gebet, Dienst an den Armen und das Bewußtsein vom »einen Leib«. Kann ich mit dieser Grundlegung etwas anfangen oder ist sie mir eher fremd? Spielen diese drei Elemente in meinem Leben eine Rolle?

180

* Bin ich bei der Lektüre auf etwas gestoßen, was mir bisher im Blick auf »Gemeinschaft« noch nicht in den Sinn gekommen ist?

* Wo fühle ich mich durch die Worte Vaniers in meinem Engagement für die Gemeinschaft bestätigt?

* Welcher Satz fordert mich bzw. uns am meisten heraus?

* Wo kann ich die »Vision« Vaniers ansatzweise verwirklicht erleben? Was erscheint mir utopisch, unerreichbar?

* Die Spannung zwischen Utopie und Realität – wie gehe ich mit ihr um? Wie deute ich die Diskrepanz zwischen »Vision« und Wirklichkeit?

* Bibelstellen: 1 Kor 11,17–19; Eph 4,1–16; 1 Thess 5,19.

Abschluß und Reflexion

Die sieben Wochen »Exerzitien für den Alltag« gehen
zu Ende; sieben Wochen, in denen ich Stille, Betrachtung und Gebet bewußt in mein Leben einzubauen ver-
suchte; sieben Wochen, in denen sich möglicherweise
mein Tagesrhythmus neu formiert hat und manches
zur »guten Gewohnheit« geworden ist?! Sieben Wochen, in denen ich 42 Personen der christlichen Tradition kennenlernte, Frauen und Männer, die mir zum ersten Mal begegnet oder in ihrem Anliegen neu aufgegangen sind.
Wie ergeht es mir jetzt im Rückblick mit dieser Fülle?
Läßt sich schon die eine oder andere Auswirkung auf
meinen Alltag feststellen?
Wie habe ich das Verhältnis der beiden Größen »Exerzitien« und »Alltag« erlebt? Als Verbindung – Exerzitien und Alltag paßten zusammen? Als Nebeneinander
– hier der Alltag, da die Exerzitien? Oder als Prozeß, in
dem eine Annäherung stattfand, so daß im Laufe der
Zeit beides zueinanderwuchs?

1. Als Einstieg in die heutige Abschlußreflexion (die
trotz dieses Titels betrachtend-betend vorgenommen
werden soll) nehme ich nochmals das Inhaltsverzeich-
nis zur Hand. Ich lese in Ruhe die Überschriften und
Namen des »Sieben-Wochen-Schemas« und lasse in mir
aufsteigen, was an Erinnerungen kommt: Vielleicht ist
es das Motto einer Persönlichkeit, wie es sich in der jeweiligen Überschrift ausdrückt, vielleicht ist es ein Satz
oder ein Wort aus einer Textpassage, vielleicht ist es ein
Moment aus der Biographie, vielleicht sind es nur
Bruchstücke, die mir noch einfallen, vielleicht ist es
auch das eine oder andere vollständige Kapitel.

Für dieses innere Nachgehen des schon zurückgelegten Weges, für das Auffächern der Einheiten lasse ich mir Zeit.

Danach konzentriere ich mich in einem zweiten Schritt auf meine eigene »Spur«. Dafür könnten folgende Fragen hilfreich sein:

* Wie geht es mir jetzt am Ende dieser Zeit? War die Zeit ein Gewinn? Hatte ich Schwierigkeiten? Haben sich meine Erwartungen erfüllt (zum Teil erfüllt, nicht erfüllt)?

* Wie ging es mir mit den Anregungen und Impulsen der jeweiligen Tageseinheiten? Was war hilfreich? Konnte ich beobachten, daß sich im Verlauf des Weges etwas veränderte? Was fiel mir schwer?

* Welche Persönlichkeit hat mich am tiefsten beeindruckt? Welcher Mann? Welche Frau? Würde ich die eine oder andere Spur gerne weiterverfolgen?

* Was ist mir neu aufgegangen? Was wurde mir deutlicher? Worin besteht die wichtigste Erkenntnis für meinen Weg zu den »Quellen des Lebens«?

* Woran habe ich neu Geschmack gefunden? Gibt es Elemente, die ich beibehalten möchte?

* Wo hat sich mein Bild von den Heiligen gewandelt? In welcher Hinsicht muß ich eine Korrektur vornehmen?

* Ist durch die Beschäftigung mit den Heiligen meine Freundschaft mit Jesus Christus gewachsen? Oder habe ich durch die Heiligen überhaupt erst (oder: wieder) einen Zugang zu Jesus Christus bekommen?

* Was ist mein nächster Schritt?

2. Ich spreche mit dem Herrn über das Ergebnis und »bringe« es ihm »dar«.

3. Die Reflexion kann in Form eines Gespräches mit meinem geistlichen Begleiter (Begleiterin) erfolgen.

Eine andere Möglichkeit: Ich schreibe ein Resümee für mein Tagebuch.

Ausblick

»Haltet euch an die Heiligen«

Etwa um das Jahr 95 n. Chr. schreibt Clemens, ein in der Christengemeinde von Rom angesehener Mann, den Mitchristen in Korinth: *»Haltet euch an die Heiligen; denn wer sich an sie hält, wird geheiligt werden!«* Clemens gibt diesen Rat im Rahmen einer brüderlichen Zurechtweisung, die er durch Unruhen in der Gemeinde von Korinth veranlaßt sieht.

»Sich an die Heiligen halten«: Was kann das für ein christliches Leben heute bedeuten – über die »Exerzitien für den Alltag« hinaus, in der die Heiligen thematisch im Zentrum standen? Wie lassen sich die Heiligen in den persönlichen Glaubensvollzug einbeziehen? Diese Frage zielt weniger auf konkrete Wege und Vorschläge einer zeitgemäßen Verehrung der Heiligen. Für uns ist vielmehr von Interesse: Was ist am Leben der Heiligen ablesbar, das für jedes Leben des Glaubens Gültigkeit hat?

Selber gehen

Sich an die Heiligen halten kann jedenfalls von einem nicht entbinden: selber zu gehen. Diese banale Feststellung meint die Notwendigkeit, das jeweils Gültige einer heiligen Gestalt in das eigene Leben hinein zu übersetzen. Wenn ich erfaßt habe, was dieser oder jener Heilige end-gültig vom Evangelium Jesu Christi darstellt, muß ich auch selber den ersten Schritt in diese Richtung tun. Darum kann Albert der Große (um 1200–1280) sagen: *»Geh selber zu Gott. Das ist dir nützlicher denn daß du alle die Heiligen hinsendest, die im Himmel sind.«*
Die Heiligen fordern mich heraus, mich auf Jesus Chri-

stus und seinen Ruf einzulassen und selber zu gehen. Therese von Lisieux stellt daher eines über alle notwendige Beschäftigung mit den Heiligen: »*O glauben Sie mir, schöne heilige Sachen denken, Bücher schreiben, Heiligenleben schildern – das alles wiegt es nicht auf, einem Anruf lieb Antwort zu geben. Ich habe das geübt, und ich habe den Frieden erfahren, der daraus strömt.*« Einem unscheinbaren Wink Gottes »*lieb Antwort geben*« – bin ich dazu bereit?

»Auf anderem Wege heimgehen«

Sich an die Heiligen halten bedeutet letztlich, sich an Jesus Christus zu orientieren. Diese Perspektive hat dann »gegriffen«, wenn sie beginnt, das Leben zu verändern. Das jedenfalls hat Charles de Foucauld erfahren: »*Wenn man Jesus gesehen hat, muß man auf anderem Wege heimgehen; auf dem Wege der Bekehrung, nicht auf dem Weg der Vergangenheit.*«
Auf den Weg der Bekehrung begibt sich derjenige, der mit seiner Christuszugehörigkeit ernst macht. Bekehrung ist eine Dynamik, die aus der Taufe kommt: In ihr geschah die Übereignung an Jesus Christus und die »Hineinnahme« in das Paschamysterium Jesu Christi (der Übergang vom Tod zum Leben). Seither trägt alle Bekehrung dieses doppelte Prägemal: Sterben und Auferstehen. Sie ist Einholung und Aneignung dessen, was in der Taufe geschenkt wurde. Was nach höchster Aktivität klingt, ist jedoch nach dem Zeugnis vieler Heiliger mehr ein »Es-an-sich-geschehen-Lassen«: In einem mühevollen und schmerzlichen Prozeß, der ein Leben lang dauert, geht es um die Ablösung, um das Absterben des alten, egoistisch orientierten Menschen. Der je neuen Ausrichtung auf Jesus Christus und das Reich Gottes entspricht ein Neuwerden im Geist. Das *Heimgehen* zu Gott geschieht nach und nach *auf anderem Wege* ...

Kein Triumphzug

Wer sich mit dem Leben der Heiligen beschäftigt, stößt auf eine Konstante, die man so vielleicht nicht vermuten würde: Sie kämpften allesamt – am meisten mit sich selbst. Walter Nigg, dem das Verdienst zukommt, Heilige gleich welcher Konfession in neuen Perspektiven einem breiteren Leserkreis zugänglich gemacht zu haben, kommt zum Ergebnis: *»Die Wirklichkeit der Heiligen zeigt keinen Menschen, der kam, sah und siegte; die triumphierende Gebärde ist ihm wesensfremd.«*

Schon früh lassen sich in der christlichen Frömmigkeitsgeschichte Einflüsse des (aus der griechischen Philosophie stammenden) stoischen Gleichmutsideals feststellen. Dessen Wirkungsgeschichte scheint noch nicht beendet. Das landläufige Bild von Heiligen hat noch immer zwei Kennzeichen: Sie sind gleichmütig, also zu wirklich heftigen Regungen (nach innen und nach außen) nicht fähig, und sie sind heroisch-heldenhaft, vor allem im Bereich der Tugenden. Letzteres hatte eine moralisierende Betrachtungsweise von Heiligkeit zur Folge, die so in der Bibel nicht zu finden ist. Aber wiesen nicht viele Texte der »Exerzitien für den Alltag« darauf hin, daß den Heiligen keineswegs alles in die Wiege gelegt war? Wo war da eine *triumphierende Gebärde* zu finden?

Das Element des Suchens, das Aufsichnehmen von Mühsal, der »geistliche Kampf« gehören zum Grundbestand des Weges zu Gott und der Nachfolge Jesu. *Sich an die Heiligen halten* hieße also, sich über auftauchende Schwierigkeiten nicht zu wundern und den »geistlichen Kampf« (den Kampf gegen den Egoismus) als ein Feld der Bewährung der Gottesliebe geduldig und konsequent auf sich zu nehmen.

Die je eigene Lebensgestalt gewinnen

Der Dominikaner Girolamo Savonarola (1452–1498)
führte in Florenz zur Zeit der Renaissance ein Leben in
Armut und Demut. Er litt schwer unter der Unzulänglichkeit der Kirche. Nach seiner Meinung gab es in der
zeitgenössischen Kirche zu viel geschriebenes und zu
selten wirklich »gelebtes« Wort Gottes. An Vorbildern
würde es nicht mangeln: *»Christi wahre Bücher sind die
Apostel und die Heiligen; sie lesen heißt ihr Leben nachahmen.«* Savonarola betrachtete also das Leben der Heiligen als Buch, in dem man »lesen« und dabei etwas von
Jesus Christus erfahren kann. Muß, wer sich *an die
Heiligen halten* will, deren Leben getreu *nachahmen?*
Nachahmung im Sinne einer »Kopie« kann wohl nicht
gemeint sein. Ein Blick in die Bibel zeigt: Schon in den
Berufungsgeschichten des Alten Testaments spielt eine
wichtige Rolle, daß der jeweils Gerufene mit seinem
Namen angesprochen wird. Das Neue Testament hält
diese Linie durch: Der Ruf in die Nachfolge Jesu ergeht
je persönlich. Jesus blickt die Menschen an, nennt sie
beim Namen und ruft sie, ihm nachzufolgen. Jesus
nachfolgen und sich dabei *an die Heiligen halten* bedeutet also nicht, seinen Namen und damit die unver-
wechselbare individuelle Eigenart aufzugeben. Genau
das würde zu Kopien von Heiligkeitsschablonen führen
und dem Bemühen um Heiligkeit das Leben nehmen.
Das Finden der je eigenen Lebensgestalt in ihrem Ursprung in Jesus Christus ist ein Hauptanliegen der
»Exerzitien für den Alltag.« Das Evangelium soll durch
mein Leben sozusagen neu ausgelegt, neu geschrieben,
neu übersetzt werden – in meinen Kontext hinein. So
entsteht ein »fünftes Evangelium« aus Fleisch und Blut,
das vielleicht Franz von Sales schon im Sinn hatte, als
er schrieb: *»Zwischen dem geschriebenen Wort des
Evangeliums und dem Leben der Heiligen ist kein anderer Unterschied als zwischen den Noten einer Musik*

188

und ihrer Aufführung.« Ich darf mit meinem Leben einen Satz des Evangeliums zum Schwingen und Klingen bringen. Damit ertönt etwas, was nur ich und ich alleine mit meinem Leben einbringen kann. Welche Note ist die meine?

Vielfalt und Einheit

Wer sich nach den sieben Wochen der »Exerzitien für den Alltag« nochmals all die Männer und Frauen, die zu den Quellen des Lebens führen, vergegenwärtigt, wird eines entdecken: Die gegensätzlichsten Naturen finden in der Kirche Raum und Bindung.

Heilige sind, was die Anlage ihres Wesens und die Struktur ihrer Persönlichkeit betrifft, *»extreme Existenzen«* (Reinhold Schneider). Was die Verwirklichung des Evangeliums betrifft, bieten sie ebenfalls kein gutes Beispiel für Ausgewogenheit. Immer legen sie einen Schwerpunkt auf eine bestimmte Aussage des Evangeliums (der Bergpredigt), immer setzen sie einen deutlichen Akzent, immer lassen sie den einzigen Lichtstrahl des Evangeliums durch ihr Leben brechen und leuchten dann nur in einer Spektralfarbe in die Welt hinein. Daraus ergibt sich eine ermutigende Bandbreite von Verwirklichungsformen von Gottsuche und Jesus-Nachfolge, die einzig auf den Heiligen Geist als *»Prinzip des christlichen Pluralismus«* (Willi Lambert) rückführbar ist.

Weil die Heiligen es nicht allen recht machen wollen und weil sie alle eine Entscheidung, eine Wahl treffen, entstehen jeweils deutlich konturierte Lebensgestalten. Doch das gemeinsam Verbindende ist ihnen die Leidenschaft für Gott, das Fasziniertsein von Jesus und seiner frohen Botschaft, das Hören darauf, wie sich der Geist im jeweiligen Heute aussagen will. Viele dieser kantigen Persönlichkeiten hätten wohl nicht miteinander unter einem Dach leben können, viele rieben sich

an der Unzulänglichkeit der konkreten Kirche wund –
und doch fanden und finden sie alle Lebensraum im
weiten Haus der Kirche.

Wer sich heute *an die Heiligen hält,* ist bemüht, die
Spannung von »Individuum und Gemeinschaft« sowie
jene von »Vielfalt und Einheit« nicht einseitig aufzulösen. Lebensgeschichtlich- existenziell läßt sich dies
an einer Gesamtschau der Heiligen festmachen. In
theologischer Perspektive wäre hier das christlich-trini-
tarische Gottesbild zu bedenken.

»Heiligkeit« und »Kirche«

Der Apostel Paulus mußte sich in seinen Briefen mit
vielfachen Krisenerscheinungen auseinandersetzen, die
in den christlichen Gemeinden auftauchten. Dennoch
nennt er die Christen »*Heilige*«. Denn durch Glaube
und Taufe nehmen sie teil am Leben des Auferstandenen. Durch die »Salbung von dem, der heilig ist« (1 Joh
2,20; vgl. 1 Kor 1,30; Eph 5,26), sind sie heilig geworden,
sind sie Heilige in Christus (1 Kor 1,2; Phil 1,1). Der
Heilige Geist ist in ihnen (1 Kor 3,16–17).

Entscheidend für diese Sicht ist also nicht die selb-
ständig erbrachte moralische Leistung des einzelnen,
sondern Glaube, Taufe, Leben im Geist (»geistliches
Leben«) und Eingebundensein in die Kirche. Denn die
Kirche selbst begreift sich in und durch ihre Glieder als
heilige Kirche.

Das II. Vatikanische Konzil hat diese Sicht neu in Erinnerung gebracht und spricht von der *»allgemeinen
Berufung zur Heiligkeit«*. Bezeichnenderweise sind die
entsprechenden Abschnitte im fünften Kapitel des Kon-
zilsdokumentes *Über die Kirche* situiert (= Nr. 39–42).
»Heiligkeit« und »Kirche« sind also nicht voneinander
zu lösen. Darum soll, wer sich *an die Heiligen halten*
will, bedenken, ob dieser »allgemeine Ruf zur Heiligkeit« ein bewußtes Anliegen ist, von dem tatsächlich

lebensformende Kraft ausgeht. Zu überlegen ist ferner, wie es um die (um meine!) Verwirklichung und Konkretisierung dieses Rufes im Raum der Kirche steht. Faktisch lassen sich hier unterschiedliche Intensitäten und Stufen der Bindung feststellen. Die Frage nach der Kirche und meiner Kirchenzugehörigkeit bleibt: Was heißt es für mich, »Gemeinschaft der Heiligen« zu leben?

Das bewußte Vollziehen der »Exerzitien für den Alltag« könnte ein erster Schritt dazu gewesen sein. Sie wollen in die Welt der Heiligen, und das heißt: in den Raum der Kirche führen.

»Anfangen, an der Hand des Herrn zu leben«

Exerzitien dürfen als geistliche Intensivzeit gelten. Die Rückkehr in die Normalität steht an, auch wenn es sich um »Exerzitien für den Alltag« handelt. Nicht selten ergibt sich die Frage: »Und was dann?« Die Fruchtbarkeit von Exerzitien zeigt sich darin, was *nach* den Exerzitien geschieht. Gelingt es, Neuansätze weiterzuführen, einen geistlichen Lebensrhythmus einzuhalten, eine Kultur des geistlichen Lebens (in kleinen Schritten) zu nähren – oder verlaufen die Anfänge und Vorsätze im Sand?

Edith Stein (Philosophin und Karmelitin, 1942 in Auschwitz vergast) deutet das Programm christlichen Lebens so: Entscheidend ist, daß wir »*anfangen, an der Hand des Herrn zu leben.*« Exerzitien (im Alltag) können ein zarter Anfang sein, daraufhin sein Leben abzustimmen. Die nächsten Schritte, in denen die zarten Anfänge weiterwachsen können, werden je nach Lebenssituation unterschiedlich sein: das Gebet im Alltag weiter pflegen; sich persönliche Aussprachemöglichkeit in geistlicher Begleitung suchen; den Glauben gar nicht erst isoliert leben wollen und die Hilfe einer Glaubensgruppe in Anspruch nehmen; ein Beichtgespräch regelmäßig einplanen; einen monatlichen Besinnungstag (»Wüstentag«) halten ... – alles Wege, Methoden und Stützen, die nur dem einen dienen: »*an der Hand des Herrn zu leben.*« Zu diesen unerschöpflichen »Quellen des Lebens« wollen die Heiligen führen.

Tips zum Weiterlesen

Zur ersten Woche

Die apostolischen Väter. Clemens von Rom, Ignatius von Antiochien, Polykarp von Smyrna. Einleitung von Hans Urs von Balthasar, Einsiedeln 1984.

Die apostolischen Väter griechisch und deutsch. Herausgegeben von Joseph A. Fischer, München 1981.

Irenäus, Gott in Fleisch und Blut. Ein Durchblick in Texten. Ausgewählt und übertragen von Hans Urs von Balthasar, Einsiedeln 1981.

Origenes, Geist und Feuer. Ein Aufbau aus seinen Schriften von Hans Urs von Balthasar, Einsiedeln [3]1991.

Anselm Grün, Der Himmel beginnt in dir. Das Wissen der Wüstenväter für heute, Freiburg [4]1996.

Regula Benedicti. Die Benediktusregel lateinisch/ deutsch. Herausgegeben im Auftrag der Salzburger Äbtekonferenz, Beuron o. J.

Zur zweiten Woche

Bernhard von Clairvaux, »Weil mein Herz bewegt war.« Übersetzt und eingeleitet von Elisabeth Hense, Freiburg 1990.

Bernhard von Clairvaux, Das Herz weit machen. Kontemplation und Weltverantwortung. Eingeleitet und herausgegeben von Manfred Baumotte, Düsseldorf [3]1997.

Lothar Hardick/Engelbert Grau, Die Schriften des heiligen Franziskus von Assisi, Werl [6]1991.

Zur dritten Woche

Leben und Schriften der heiligen Klara. Einführung, Übersetzung, Anmerkungen von Engelbert Grau, Werl [7]1977.

Deutsche Mystik. Eingeleitet, herausgegeben und übersetzt von Louise Gnädinger, Zürich ²1994.

Johannes Tauler, Predigten. Bd. I und II. Übertragen von Georg Hofmann, Einführung von A. M. Haas, Einsiedeln 1979.

Heinrich Seuse, Das Buch von der Wahrheit. Eingeleitet von Loris Sturlese. Herausgegeben von Rüdiger Blumrich und Loris Sturlese, Hamburg 1993.

Heinrich Seuse, Das Büchlein der ewigen Weisheit. Übertragen und eingeleitet von Oda Schneider, Stein am Rhein ²1987.

Caterina von Siena, Gespräch von Gottes Vorsehung. Eingeleitet von Ellen Sommer von Seckendorff und Hans Urs von Balthasar, Einsiedeln ⁴1993.

Caterina von Siena, Meditative Gebete. Herausgegeben und übersetzt von Hilarius Barth, Einsiedeln ²1981.

Zur vierten Woche

Juliana von Norwich, Offenbarungen von göttlicher Liebe. Übersetzt und eingeleitet von Elisabeth Strakosch, Einsiedeln ²1988.

Thomas Morus, Lebenszeugnis in Briefen. Ausgewählt, übersetzt und eingeleitet von Ruth und Walter Schirmer, Heidelberg ²1984.

Thomas Morus, Ein Trostgespräch im Leid. Herausgegeben von Hubertus Schulte-Herbrüggen, Düsseldorf 1988.

Angela Merici, Die Schriften. Kritische Ausgabe von Ansgar Faller, Einsiedeln 1988.

Teresa von Avila, Die innere Burg. Herausgegeben und übersetzt von Fritz Vogelsang, Zürich 1989.

Teresa von Avila, Verweilen bei einem Freund. Gebete. Herausgegeben von Ulrich Dobhan, München ²1992.

Paul Türks, Philipp Neri. Prophet der Freude, München 1995.

Franz von Sales, Philothea. Einführung in das Leben aus christlichem Glauben, Eichstätt [8]1995.

Zur fünften Woche

Blaise Pascal, Schriften zur Religion. Übersetzt von Hans Urs von Balthasar, Einsiedeln 1982.

Gerhard Tersteegen, Wir sind hier fremde Gäste. Eine Auswahl aus seinen Schriften. Herausgegeben von Walter Nigg, Wuppertal [2]1980.

Gerhard Tersteegen, Geistliches Blumengärtlein, Stuttgart [17]1988.

Walter Nigg, Don Bosco. Ein zeitloser Heiliger, München 1977.

Teresio Bosco, Don Bosco. Sein Lebensweg, sein Lebenswerk, München 1987.

John Henry Newman, Dem Leben einen Sinn geben. Über den Weg, die Wahrheit und das Ziel, Düsseldorf 1977.

Leben als Ringen um die Wahrheit. Ein Newman Lesebuch. Herausgegeben von Günter Biemer und James Derek Holmes, Mainz 1984.

Therese vom Kinde Jesu (Therese von Lisieux), Selbstbiographie. Übertragen von Otto Iserland und Cornelia Capol, Einsiedeln [12]1991.

Therese Martin, Ich gehe ins Leben ein. Letzte Gespräche der Heiligen von Lisieux, Leutesdorf [3]1992.

Therese Martin, Briefe. Deutsche authentische Ausgabe, Leutesdorf [3]1983.

Jean-Francois Six, Licht in der Nacht. Die (18) letzten Monate im Leben der Therese von Lisieux, Würzburg 1997.

Zur sechsten Woche

Charles de Foucauld, Der letzte Platz. Aufzeichnungen und Briefe. Ausgewählt, übersetzt und eingeleitet von Martha Gisi, Einsiedeln [7]1979.

Jean Francois Six, Charles de Foucauld. Der geistliche Werdegang, München [2]1991.

Ingeborg Schödl, Hoffnung hat einen Namen. Hildegard Burjan und die Caritas Socialis, Innsbruck 1995.

Helmuth James von Moltke, Letzte Briefe aus dem Gefängnis Tegel 1945. Bericht aus Deutschland im Jahre 1943, Zürich 1997.

Roman Bleistein, Rupert Mayer. Ein Mann der Wahrheit. Hrsg. von Gabriele Miller, Ostfildern 1991.

Johannes Hemleben, Pierre Teilhard de Chardin in Selbstzeugnissen und Bilddokumenten, Reinbek 1966.

Das Teilhard de Chardin Lesebuch. Ausgewählt von Günther Schiwy, Düsseldorf [2]1996.

Madeleine Delbrêl, Gebet in einem weltlichen Leben, Einsiedeln [5]1993.

Madeleine Delbrêl, Leben gegen den Strom. Anstöße einer konsequenten Christin, Freiburg 1992.

Christine de Boismarmin, Madeleine Delbrêl. Ein Leben unter Menschen, die Christus nicht kennen, München 1986.

Martin Luther King, Mein Traum vom Ende des Hasses. Texte für heute, Freiburg 1994.

Gerd Presler, Martin Luther King jr., Reinbek 1984.

Zur siebten Woche

Romano Guardini, Der Herr. Betrachtungen über die Person und das Leben Jesu Christi, Freiburg 1985.

Romano Guardini, Berichte über mein Leben. Autobiographische Aufzeichnungen. Aus dem Nachlaß herausgegeben von Franz Henrich, Düsseldorf [2]1985.

Angefochtene Zuversicht. Romano Guardini Lesebuch. Herausgegeben von Ingeborg Klimmer, Mainz 1985.

Carlo Carretto, Empfangen und unvergänglich – unser Leben. Freiburg 1989.

Carlo Carretto, Gib mir deinen Glauben. Gespräche mit Maria von Nazaret. Freiburg ³1996.

Carlo Carretto, Ich habe gesucht und gefunden, Freiburg ⁵1991.

Oscar A. Romero, Für die Armen ermordet. Wie der Erzbischof von San Salvador das Evangelium verkündet hat, Freiburg 1982.

Oscar A. Romero, In meiner Bedrängnis. Tagebuch eines Märtyrerbischofs 1978–1980. Herausgegeben von Emil Stehle, Freiburg 1993.

Oscar A. Romero, Die notwendige Revolution. Mit einem Porträt Erzbischof Romeros von Jon Sobrino, Mainz ²1992.

Frère Roger (Roger Schutz), In allem ein innerer Friede. Ein Jahresbegleitbuch, Freiburg ²1997.

Frère Roger (Roger Schutz), Die Quellen von Taizé. Liebe aller Liebe, Freiburg 1996.

Ruth Pfau, Verrückter kann man gar nicht leben. Ärztin, Nonne, Powerfrau, Freiburg ⁵1997.

Ruth Pfau, Das letzte Wort wird Liebe sein. Ein Leben gegen die Gleichgültigkeit, Freiburg ²1997.

Jean Vanier, In Gemeinschaft leben. Meine Erfahrungen, Freiburg 1993.

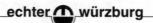